Ein Buch der Aktion Ameise

EINHARD BEZZEL

Wir tun was

für Greifvögel und Eulen

Herausgegeben
von Gunter Steinbach

Natur

Einhard Bezzel wurde 1934 in Illertissen geboren, besuchte das Gymnasium in München und studierte an der dortigen Universität Biologie, Geographie, Chemie und Sozialwissenschaften. 1959 promovierte er mit einer ornithologischen Arbeit zum Dr. rer. nat. Nach seinem Staatsexamen im selben Jahr lehrte er bis 1966 an bayerischen Gymnasien. Seit 1966 leitet er das Institut für Vogelkunde in Garmisch-Partenkirchen mit Außenstelle Triesdorf, die ehemalige Staatliche Vogelschutzwarte. Im Auftrag der Deutschen Ornithologen-Gesellschaft ist er Schriftleiter des »Journals für Ornithologie«, der ältesten wissenschaftlichen vogelkundlichen Zeitschrift der Welt (seit 1853). Dr. Bezzel schrieb 20 populäre und wissenschaftliche Bücher zum Thema Vogelkunde und Naturschutz, er arbeitete an mehreren wissenschaftlichen Handbüchern und Standardwerken mit, veröffentlichte zahlreiche Artikel in wissenschaftlichen und populären Zeitschriften und Zeitungen. Viele Studienreisen führten ihn nach Asien, Afrika, Australien und Südamerika.

8000 München 46 · Frankfurter Ring 150

Umschlagbild: Dieter Mettelsiefen, München
Umschlaggestaltung: Adolf Bachmann, Reischach
Illustrationen: Fritz Wendler, Weyarn
Fotos der Farbseiten: Dr. E. Bezzel: S. V o., V u.;
A. Limbrunner: S. I, II o., III o., III u., IV, VI o., VI u., VII, VIII u.;
H. Schrempp: S. II u., VIII o.
Schwarzweiß-Fotos: A. Limbrunner: S. 4, 20, 24, 25
F. Pölking: S. 22
H. Schrempp: S. 19, 37
Redaktion: René Rilz
Herstellung: Manfred Prochnow
Satz/Druck: Presse-Druck Augsburg
ISBN: 3 505 09346-7 (Buch)
ISBN: 3 505 09250-9 (Taschenbuch)
Bestell-Nr.: 9346 (Buch)
Bestell-Nr.: 9250 (Taschenbuch)

Das Foto auf Seite 4 zeigt einen Sperlingskauz in seiner Bruthöhle

89 88 87 86 / 7 6 5 4 3

INHALT

Zum Buch

Greifvögel und Eulen zu schützen stellt an euch beachtliche Anforderungen. Dieses Buch richtet sich deshalb nicht an die Anfänger tätiger Naturfreunde, sondern an Fortgeschrittene.

Bis auf vier Arten, die in geeigneten Lebensräumen noch verhältnismäßig häufig in Mitteleuropa anzutreffen sind, stehen alle Greifvögel und Eulen auf der »Roten Liste der gefährdeten Tiere und Pflanzen in der Bundesrepublik Deutschland«. Das heißt, sie sind ausgestorben oder in ihrem Fortbestand gefährdet. Der Fischadler etwa, ein auf Fischbeute spezialisierter, besonders eindrucksvoller Greifvogel, brütete bis in die Anfänge des 20. Jahrhunderts hinein an unseren Küsten und Binnengewässern. Wir können seine Horste nicht mehr schützen, weil er als Brutvogel in Deutschland ausgerottet wurde. Ein vergleichbares Schicksal bereitete unser als tierfreundlich geltendes Land dem Fischotter und vielen anderen Beutegreifern.

Praktisch wirksamer Greifvogel- und Eulenschutz ist an drei Voraussetzungen gebunden, die ihr nur mit Durchhaltekraft und echter Anteilnahme am Naturgeschehen erfüllen werdet: 1. Ihr müßt gute und ausdauernde Naturbeobachter werden, um den Wildtierbestand in eurer Umgebung aus eigener Anschauung kennenzulernen. 2. Ihr braucht als »Ope-

rationsbasis« die Gruppierung mit Gleichgesinnten, weil ein einzelner im Greifvogel- und Eulenschutz wenig ausrichten kann. 3. Ihr braucht das Einverständnis von Grundstückseigentümern und Forstleuten, um sinnvolle Maßnahmen in den Lebensräumen der Greifvögel und Eulen durchführen zu können.

Wenn du erst am Anfang stehst und noch nicht im Naturschutz oder Artenschutz tätig warst, empfehle ich dir, dich auch mit dem zweiten Buch von Einhard Bezzel in unserer Reihe zu beschäftigen: »Wir tun was für unsere Singvögel«. Die meisten der dort gegebenen Empfehlungen für praktischen Vogelschutz kann jeder, auch in der Stadt, allein in die Tat umsetzen. Die Natur ist unteilbar. Wer den Singvögeln hilft, nützt auch den Greifvögeln. Wer sich für die Natur einsetzt, und sei es nur im eigenen Garten, verbessert die Welt, in der wir alle gemeinsam leben.

G. S.

Fischadler

Beutegreifer

Wer das Leben der Greifvögel und Eulen verstehen will, muß ein wenig rechnen können. Das fällt vielen Menschen schwer. Vielleicht liegt darin der Grund, daß Greifvögel so lange verkannt und sinnlos verfolgt wurden. Laßt euch daher nicht abschrecken, wenn wir zunächst ein paar sachliche Überlegungen anstellen.

Der Speisezettel der meisten Greifvögel und Eulen ist uns recht gut bekannt. Eine kleine Übersicht findet ihr auf Seite 12. Sie verschweigt euch aber viele Einzelheiten; zum Beispiel welche Vögel bis Amselgröße ein Sperber besonders häufig schlägt. Solche umfangreichen Speisezettel sind zwar recht interessant; doch sie können uns eine falsche Vorstellung vermitteln. Beutegreifer richten sich natürlich nicht nach einer Liste. Ein Beutegreifer muß täglich selbst für seinen Unterhalt und während der Brutzeit auch für den der Jungen aufkommen. Das ist keine leichte Aufgabe, denn die Jagd kostet Kraft. Und genau darauf kommt es an: Ein Beutegreifer hat nur dann gute Überlebenschancen, wenn es ihm gelingt, mit möglichst wenig Anstrengung, also Energieverbrauch, möglichst viel Beute zu schlagen. Sein Kraftaufwand darf den Energiegewinn durch die Beute nicht übersteigen. Er braucht einen Gewinn, von dem er leben kann. Arbeitet er auf Dauer mit Verlust, geht er zugrunde.

Das natürliche Gewinnstreben der Greifvögel und Eulen führt dazu, daß bevorzugt leicht erreichbare Beutetiere gejagt werden. Die ideale Beute hat die passende Größe, soll nicht zu schnell und kräftig sowie möglichst leicht zu entdecken sein. Kranke und verletzte oder sonstwie sich auffällig verhaltende unerfahrene junge oder alte geschwächte Tiere fallen deshalb bevorzugt dem Beutegreifer zum Opfer. Er hat einen sicheren Blick für Schwächen. So fand man unter den Beutetieren des Uhus auffallend viele mit verheilten Knochenbrüchen und anderen Schäden am Skelett. Zur Beizjagd abgerichtete Falken schlagen unverhältnismäßig viele Krähen mit kleinen körperlichen Benachteiligungen.

Greifvögel und Eulen jagen also nicht wahllos, was ihnen vor die Fänge kommt und die passende Größe hat, sondern sie wählen aus. Ob man sie deshalb gleich als »Gesundheitspolizei« bezeichnen kann, mag dahingestellt bleiben. Doch sicher wird der Bestand an Beutetieren durch diese Auslese weniger verringert, als viele Leute meinen. Gerade die stärksten Individuen, die für die gesunde Vermehrung der Art wichtig sind, werden am wenigsten betroffen. Die Eingriffe können für sie sogar eine günstige Wirkung haben; denn durch den Ausfall weniger gut befähigter Tiere eines Bestandes haben die verbleibenden eine bessere Überlebenschance. Der Wettbewerb durch Artgenossen verringert sich.

Das bedeutet, daß Beutegreifer vielfach nur vom Überschuß oder gleichsam von den Zinsen leben, das Kapital, nämlich den Bestand ihres Beutetieres, aber nicht ernsthaft gefährden. Früher nahm man dagegen immer an – und viele Leute behaupten das auch heute noch –, jede Tierart bräuchte einen natürlichen Feind, der ihren Bestand regelt. Die großen Greifvögel, wie See- und Steinadler, Habicht oder Uhu, hatten nie solche Feinde. Ihr Bestand regelt sich selbst. Das gilt auch für viele von Greifvögeln und Eulen bevorzugte Beutetiere.

In unserer Kulturlandschaft kann sich die Feldmaus sehr stark vermehren. Erreicht ihr Bestand einen bestimmten Höchstwert, bricht er ganz von selbst zusammen, so daß im folgenden Jahr oft nur noch wenige Tiere übrigbleiben. Meist dauert es 3–4 Jahre, ehe sich die kleinen Nager wieder zu großen Massen vermehrt haben, um dann erneut auf wenige Tiere zusammenzuschrumpfen. Dieser merkwürdige Wechsel von starken und schwachen Mäusejahren vollzieht sich auch ohne die Einwirkung von Beutegreifern. Das Wetter spielt dabei sicher eine Rolle, vor allem aber Regelvorgänge im Feldmausbestand selbst. Viele Tierbestände regeln, ähnlich der Feldmaus, ihre Dichte innerhalb ihrer Art ohne nennenswerten Einfluß von natürlichen Feinden.

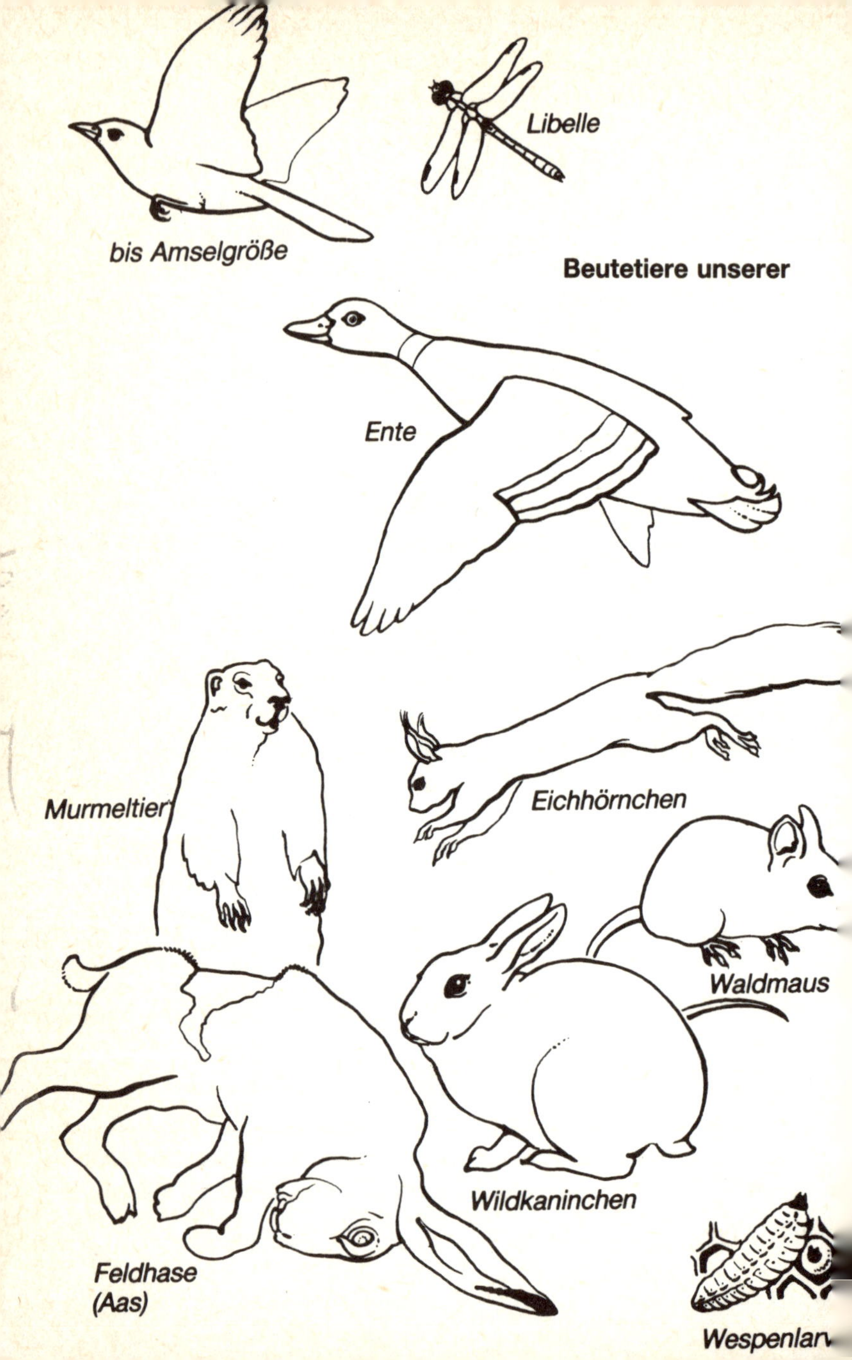
Libelle
bis Amselgröße
Beutetiere unserer
Ente
Murmeltier
Eichhörnchen
Waldmaus
Wildkaninchen
Feldhase
(Aas)
Wespenlar

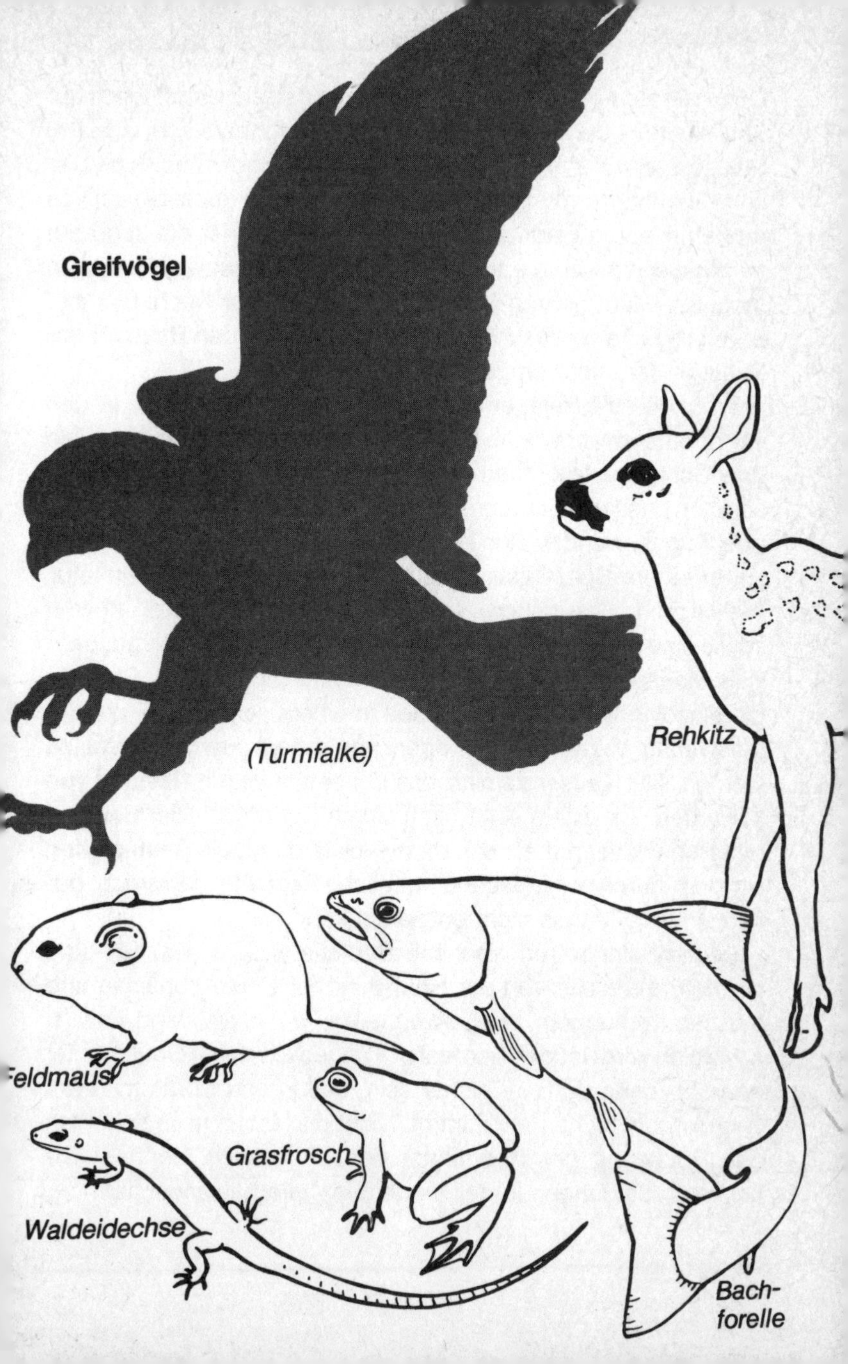
Greifvögel
(Turmfalke)
Rehkitz
Feldmaus
Grasfrosch
Waldeidechse
Bach-
forelle

Doch die Beutegreifer antworten ihrerseits sehr empfindlich auf den Wechsel der Feldmausdichte. Nur besonders spezialisierte Mäusejäger, wie Mäusebussard, Schleier- oder Waldohreule, leben in Jahren mit geringem Mäusebestand auch tatsächlich großenteils von Feldmäusen. Für alle anderen ist die Jagd auf Feldmäuse zu wenig ertragreich. Typische Mäusejäger haben in mageren Mäusejahren auch meist viel weniger Nachkommen. Damit regelt also das Angebot an Beutetieren den Bestand der Beutegreifer, nicht umgekehrt.

Trotz der Mäusejäger vermehren sich die Feldmäuse in den ihrer Bestandsschwäche folgenden Jahren wieder. Waldohreule oder Schleiereule können dann nicht nur mehr Junge großziehen, sondern weitere Beutegreifer, wie etwa Waldkauz, Turmfalke oder Fuchs, wenden sich jetzt der wieder lohnenden Mäusejagd zu. In einem Spitzenjahr beteiligen sich auch noch Steinkauz, Weißstorch, Graureiher, Rotmilan, Uhu, Krähen und Möwen sowie eine ganze Reihe von Säugetieren an der Mäusejagd. Sehr viele Mäuse enden im Magen von erfolgreichen Jägern. Doch für die einzelne Feldmaus ist gerade in einem solchen Spitzenjahr die Gefahr wesentlich geringer, von einem Feind getötet zu werden. Nur Tausende sind das Opfer aus einem Bestand von Milliarden. Trotzdem sinkt nach einem Spitzenjahr der Bestand plötzlich wieder auf ein Minimum – nicht durch die Beutegreifer, sondern durch vorgegebene natürliche Regelmechanismen, denen sich die Mäuse nicht entziehen können.

Beutegreifer rotten also ihre Beutetiere nicht aus. Sie sind vielmehr ihrerseits von der Häufigkeit der Beute abhängig und müssen verhungern oder abwandern, wenn die Jagd unwirtschaftlich wird. Ist der Tierbestand angeblich durch Beutegreifer bedroht, dann dürft ihr sicher sein, daß irgend etwas mit dem Lebensraum nicht mehr stimmt. Nicht die Habichte verschulden den Rückgang der Rebhühner oder Feldhasen, sondern die Lebensbedingungen in der modernen Ackerbaulandschaft.

Greifvögel und Eulen in Gefahr!

Große Beutegreifer sind von Natur aus nicht häufig, weil sie große Jagdgebiete brauchen. Da sie auch keine natürlichen Feinde kannten, wirkten sich die Verfolgungen durch den Menschen verheerend aus, vor allem als seit dem vorigen Jahrhundert mit modernen Schußwaffen Jagd auf sie gemacht wurde. Manche Arten wurden als Brutvögel bei uns ausgerottet, zum Beispiel der Fischadler, andere auf einen kümmerlichen Rest zusammengeschossen. Erst die neuesten Schutzverordnungen führten dazu, daß sich einzelne Bestände wieder etwas erholen konnten.

Doch mittlerweile tauchen zahlreiche neue Gefahren auf. Viele Lebensräume wurden zerstört, so daß Jagdgebiete und sichere Brutplätze verschwanden. Viele der noch verbliebenen naturnahen Landschaften werden so stark beunruhigt, daß eine ungestörte Aufzucht der Brut oder lohnende Jagd nicht mehr möglich ist. Horstplätze seltener Arten, wie Wanderfalke, Seeadler oder Steinadler, müssen vor rücksichtslosen Tierfotografen oder gewissenlosen Falknern und Greifvogelhändlern geschützt werden (siehe Seite 39). Lange Zeit haben Insektenvernichtungsmittel und andere Gifte die Bestände mancher Arten bedroht. Auch heute noch ist die Giftbelastung eine verborgene Gefahr. Denn noch immer können Gifte aus Landwirtschaft und Industrie über die Nahrung in gefährlichen Mengen in die Körper von Greifvögeln und Eulen gelangen und bewirken, daß keine Jungen aus den Eiern schlüpfen. Eine weitere Bedrohung geht von der Verdrahtung der Landschaft mit Hochspannungsleitungen aus. Durch Stromtod kommen immer noch viele Bussarde oder Eulen um. Auch der Straßenverkehr fordert seine Opfer.

Strenge Schutzgesetze und aktive Schutzmaßnahmen haben aber gezeigt, daß noch nicht alles zu spät ist, daß man auch den besonders bedrohten Arten etwas helfen kann. Das erfordert aber den guten Willen aller. Noch gibt es zu viele Menschen, die in Beutegreifern nur einen Feind oder »Schädling« sehen.

Greifvögel und Eulen im Überblick

Eulen und Greifvögel sind Beutegreifer, die kleinere und größere Wirbeltiere jagen. Viele leben aber auch von Insekten oder Aas. Die Lebensweise als Jäger könnt ihr an einigen gemeinsamen Merkmalen beider Gruppen erkennen: Der kräftige Schnabel ist nach unten gebogen; seine scharfe Schneidekante zerkleinert die Beute und tötet sie bei manchen Arten. Scharfe, dolchartige Krallen an den Zehen ergreifen die Beute, halten sie fest und schließen sich zum tödlichen Griff. Abgesehen davon, daß Eulen in der Dämmerung oder sogar im Dunklen jagen, Greifvögel dagegen am hellen Tage, haben die Zoologen noch viele weitere Unterschiede zwischen beiden Gruppen herausgefunden, so daß man Eulen und Greifvögel trotz gewisser Gemeinsamkeiten nicht etwa als nahe Verwandte betrachten kann.

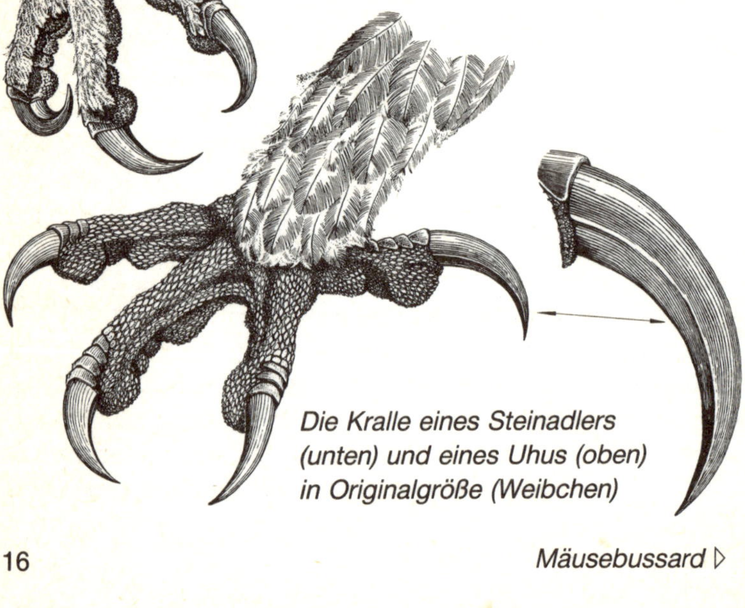

Die Kralle eines Steinadlers (unten) und eines Uhus (oben) in Originalgröße (Weibchen)

Junge Habichte (oben) zeigen dunkle Längsflecken, ältere Tiere dagegen dunkle Querflecken auf Brust und Bauch (unten)

△ Baumfalke bei der Jungenfütterung im Horst

▽ Der Sperber, ein „kleiner Habicht", jagt vor allem Vögel

Turmfalken-Männchen
mit erbeuteter Maus

Greifvögel

Am häufigsten seht ihr sie beim Fliegen; daher bilden die Flugsilhouetten wichtige Kennzeichen der einzelnen Arten. Doch das sichere Ansprechen der Greifvögel ist außerordentlich schwierig, vor allem wenn der Vogel hoch am Himmel kreist und seine Unterseite völlig im Schatten liegt. Für gewöhnlich zeigen sich Greifvögel nur aus größerer Entfernung. Allerdings betreffen heute die meisten Greifvogelbeobachtungen bei uns vor allem zwei Arten: Mäusebussard und Turmfalke. Nur sie findet man noch überall regelmäßig. Ihr könnt sie sogar oft dicht neben der Straße vom Auto aus sehen, vor allem im Winter, wenn Wiesen und Felder mit Schnee bedeckt sind.

Mäusebussard

Er ist fast doppelt so groß wie eine Krähe und hat breite Flügel; der Schwanz wirkt kurz und breit. Oft könnt ihr ihn ohne Flügelschlag hoch über dem Boden kreisen sehen. Gern sitzt er auch auf einem Pfahl oder einer anderen geeigneten Ansitzwarte in Wiesen und Feldern. Seine Oberseite ist dunkelbraun; Kopf und Unterseite zeigen meist weißliche oder helle Partien. Es gibt allerdings sehr unterschiedliche Färbungstypen: Manche Mäusebussarde sind auch an der Unterseite recht dunkel, manche dagegen fast weiß. Ihr müßt euch also mehr auf die Gestalt und das Verhalten verlassen als auf Einzelheiten der Färbung.

Mäusebussarde jagen über offenem Land; auf Feldern und Wiesen fliegen sie vom Ansitz oder aus einem niedrigen langsamen Suchflug heraus bodenbewohnende Kleintiere an. Das wichtigste Nahrungstier ist die Feldmaus; aber auch andere Mäusearten, Eidechsen, Junghasen, Kaninchen oder Wiesel zählen zur Beute. Gesunde Tiere, die mehr als ein halbes Kilo wiegen, kann der Mäusebussard nicht mehr fangen und überwältigen. Schon ein schwacher Feldhase aber wiegt wenigstens das Fünffache. Wenn Mäusebussarde mit einer solch großen Beute

Heimische Greifvögel mit ihren Spannweiten in Zentimetern

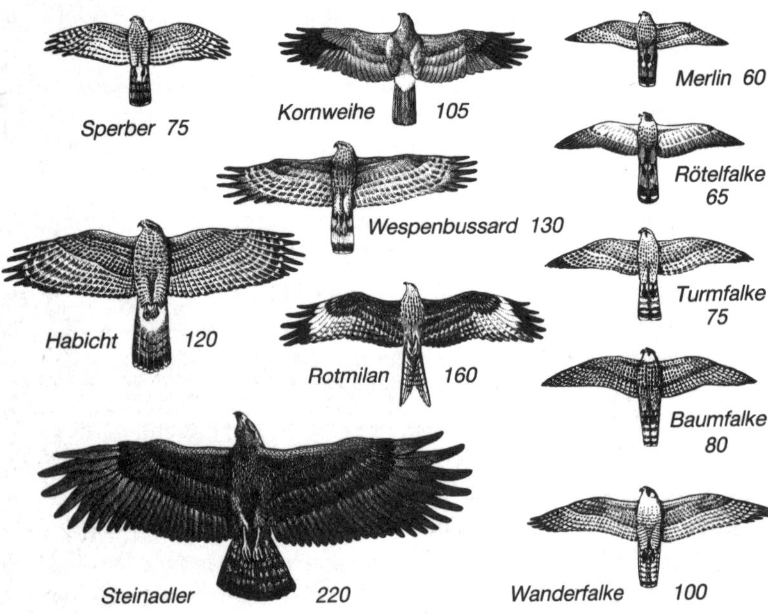

gesehen werden, handelt es sich mit Bestimmtheit um kranke oder schwache Tiere. Außerdem gehen Bussarde – zumal im Winter – gern an Aas. Nicht zuletzt deshalb kann man sie regelmäßig an Straßen und Autobahnen sehen. Verkehrsopfer unter den Tieren bilden ihnen willkommene Nahrung. Kalte und schneereiche Winter treffen die Bussarde hart, da sie die Schneedecke von der Jagd auf Mäuse abhält. Die Verluste unter den geschwächten Vögeln können daher beträchtlich sein. Nur ein Teil der Mäusebussarde verläßt uns im Winter.

Ihr Horst steht meist hoch in Bäumen, in großen Wäldern in der Regel nahe am Rand, aber auch in größeren Feldgehölzen. Wald als Brutgebiet und offenes Land als Jagdrevier in möglichst bunter Mischung bilden den idealen Lebensraum eines Bussardpaares. Ab Vorfrühling könnt ihr die beiden Altvögel oft hoch in der Luft kreisen sehen und vielleicht dabei auch die hohen katzenartigen, miauenden Rufe hören, die etwa wie »hijäh« klingen – und vom Eichelhäher hervorragend nachgeahmt werden.

Mäusebussard

Gewölle vom Mäusebussard

Turmfalke

Auch er ist ein ausgesprochener Mäusejäger und lauert ähnlich dem Mäusebussard auf einer Sitzwarte. Doch eine andere Jagdtechnik fällt viel mehr auf: Mit raschen Flügelschlägen steht der Falke wie festgenagelt in der Luft und läßt sich von Zeit zu Zeit zu Boden gleiten. Dieses Rütteln ist bei keiner anderen heimischen Greifvogelart ähnlich häufig, so daß ihr allein daran den Turmfalken meist sicher erkennen könnt.

Schmale lange Flügel und ein verhältnismäßig langer Schwanz kennzeichnen alle Falken. Turmfalken sind kleiner und viel schlanker als eine Krähe, also mit dem Mäusebussard überhaupt nicht zu verwechseln. Der Oberkopf des Männchens ist blaugrau, ebenso der lange Schwanz, der eine breite schwarze Endbinde trägt; auf dem rostroten Rücken verteilen sich schwarze, tropfenförmige Flecken. Die helle Unterseite trägt dunkle

Längsflecken. Die Oberseite der Weibchen (und flüggen Jungvögel) ist ganz rötlichbraun mit grober Fleckung und Querbinden. Verhältnismäßig selten sieht man Turmfalken mit ausgebreiteten Flügeln kreisen; meist fliegen sie mit raschen Schlägen.

Ähnlich Bussarden jagen Turmfalken über Wiesen und Feldern und sind auch an Straßenrändern zu beobachten, im Winter allerdings seltener, da viele wegziehen. Wie andere Falken bauen auch Turmfalken keine eigenen Nester, sondern legen ihre Eier zum Beispiel in alte Krähen- und Elsternnester an Waldrändern oder in Feldgehölzen. Beliebte Brutplätze sind auch Felsnischen und Mauerlöcher. Als Bewohner hoher Gebäude und Kirchtürme machen sie selbst mitten in Großstädten ihrem Namen Ehre. Diese Stadtfalken müssen ihren Speisezettel, der normalerweise zu über 90 % aus Mäusen besteht, mitunter durch Kleinvogeljagd ergänzen. Hohe durchdringende Rufe, die oft den Straßenlärm übertönen, machen euch auf die kleinen Falken am hohen Kirchturm aufmerksam. Sie teilen ihren Lebensraum oft mit Dohlen und Stadttauben.

Weitere Falkenarten sind bei uns selten. Am ehesten könnt ihr im Sommer über Mooren oder an Seeufern jagenden *Baumfalken* begegnen. Sie sind spezialisierte Vogel- und Insektenjäger. Kaum größer als Turmfalken, schießen sie mit ihren langen spitzen Flügeln wie große Schwalben oder Segler durch die Luft. Ihre Färbung ist auffällig, allerdings bei kurzen Begegnungen oft nicht gut zu sehen: die Oberseite ist dunkel und blaugrau, die Unterseite hell mit kräftigen dunklen Tropfenflecken; dazu kommt ein helles Gesicht mit dunklem Bartstreif. Bei Altvögeln könnt ihr auch die roten Federn an den Beinen und unter dem Schwanz erkennen. Baumfalken verbringen den Winter in Afrika und sind bei uns daher nur im Sommer zu beobachten. In alte Krähen-, Elstern- und Bussardnester legen sie meist erst ab Anfang Juni ihre Eier.

Baumfalke

Eine vergrößerte Ausgabe des Baumfalken von fast Krähengröße mit spitzen Flügeln und kräftiger Gestalt ist der bei uns fast ausgestorbene und in der ganzen Welt bedrohte *Wanderfalke*. Seine wenigen Brutplätze in Felswänden werden von Vogelschützern bewacht (siehe Seite 39). Manchmal tauchen einzelne Wanderfalken als Durchzügler und Wintergäste aus nördlichen und östlichen Gebieten fernab ihrer Brutplätze auf. Ein seltener Durchzügler und Wintergast ist der nordische *Merlin*, der kleinste der europäischen Falken, ein spezialisierter Kleinvogeljäger.

Habicht und Sperber

Die wenigsten Leute, die vom Habicht als Inbegriff des »Raubvogels« reden, haben je einen gesehen. Immer wieder werden kreisende Bussarde als Habichte bezeichnet. Meist zeigen sich aber Habichte gar nicht so offen in der Luft. Als Überraschungsjäger, die Deckungen ausnützen, jagen sie im Unterschied zum Mäusebussard an Waldrändern, zwischen Gebüschen, in gehölzbestandenen Landschaften. Aus seinem blitzschnellen Jagdflug heraus, den der Habicht nur über kurze Strecken durchhalten kann, schlägt er seine Beute meist am oder dicht über dem Boden. Tauben, Drosseln und Eichelhäher machen seine Hauptnahrung aus; er schlägt aber auch kleine und mittelgroße Säugetiere.

Das Habichts-Weibchen wird etwa bussardgroß, das Männchen ist um ein Drittel kleiner. Kurze runde Flügel und ein langer Schwanz bilden die typischen Merkmale seines Flugbildes. Die Oberseite ist blaugrau, die Unterseite hell mit feiner dunkler Querbänderung. Jungvögel im 1. Lebensjahr kann man an der mehr braunen Oberseite und an der orangegelben Unterseite mit dunkler Längsfleckung von den Altvögeln unterscheiden. Die Augen des Habichts sind gelb, die des Bussards dunkel.

Die verkleinerte Ausgabe des Habichts ist der *Sperber*, ein spezialisierter Kleinvogeljäger, der im Winter auch schon einmal die Futterstellen in den Gärten abfliegt. Ein großes Sperber-Weibchen kann fast die Größe eines kleinen Habicht-Männchens erreichen; es ist oberseits grau, unterseits auf hellem Grund braun quergebändert. Das Männchen ist deutlich kleiner, auf der Oberseite blaugrau, auf der Unterseite rostfarben quergebändert.

Beide Arten legen ihren Horst im dichten Wald an; die Sperber bevorzugen Stangenholz. Während der Brutzeit seht ihr wenig von ihnen, da sie sich dann ganz heimlich verhalten. Die Bestände von Habicht und Sperber waren lange Zeit bei uns sehr bedroht; durch Schutzbemühungen haben sie sich etwas erholt. Beide zählen aber keineswegs zu unseren häufigen Greifvögeln. Der Sperber ist in vielen Gebieten immer noch sehr gefährdet.

Wer zählt zu den Greifvögeln?

Geier: Aasfresser, meist sehr groß und breitflügelig; kommen in Deutschland freilebend nicht mehr vor.

Adler: viel größer als Bussarde; breitflügelige Segelflieger. Steinadler brüten in den Alpen. Seeadler brüten in wenigen Paaren in Schleswig-Holstein, erscheinen einzeln als Wintergäste an großen Binnenseen. Fischadler sind wesentlich kleiner, mit heller Unterseite und weißem Oberkopf, Durchzügler im Herbst und Winter an Gewässern.

Fischadler

Bussarde: breitflügelig, etwa doppelt so groß wie Krähe. Mäusebussard (siehe Seite 17) mit relativ kurzem, Wespenbussard (Zugvogel, nur im Sommer bei uns) mit längerem Schwanz. Seltener Wintergast ist der Rauhfußbussard, dem Mäusebussard sehr ähnlich.

Habicht und Sperber: kurze runde Flügel und langer Schwanz; Habicht etwa bussard-, Sperber nur etwa turmfalkengroß (siehe Seite 23).

Milane: bussardgroß, verhältnismäßig lange Flügel und langer Schwanz, der beim Schwarzmilan nur sehr schwach, beim Rotmilan stärker gegabelt ist. Baumbrüter, die bei uns meist nur im Sommerhalbjahr zu beobachten sind.

Weihen: sehr schlanke Greifvögel, kleiner als Bussard, langer Schwanz. Fliegen oft niedrig über dem Boden mit V-förmig gestellten Flügeln. Wiesen- und Kornweihe sind selten, Rohrweihe kann man vor allem über dem Schilf beobachten. Die Nester liegen am Boden bzw. im Schilf. Im Winter leben nur Kornweihen bei uns.

Falken: höchstens krähengroß, schmale, spitze Flügel (siehe Seite 20).

Rohrweihe

Eulen

Meist entdeckt ihr sie durch Zufall irgendwo im Tagesversteck sitzend; nur ganz ausnahmsweise könnt ihr sie tagsüber im Flug beobachten. Wird eine sitzende Eule von Kleinvögeln entdeckt, gibt es meist große Aufregung. Schimpfende und hassende Singvögel können euch also auf eine versteckt sitzende Eule im Baum aufmerksam machen.

Schon ab dem Spätwinter lassen sich manche Eulen durch Rufe und Balzgesänge in der tiefen Abenddämmerung und nach Einbruch der Dunkelheit hören; ihr könnt dadurch ihre Verbreitung und die Lage besetzter Reviere ermitteln.

Alle Eulen bauen keine eigenen Nester. Günstige Brutplätze sind also eine wichtige Voraussetzung für ihr Überleben. Für manche Arten lassen sich künstliche Niststätten anbringen (siehe Seite 44). Allerdings schwankt gerade bei unseren häufigen Arten der Bestand von Jahr zu Jahr oft außerordentlich stark, je nachdem, wie gut das Angebot an Mäusen ist. Am stärksten wird die Schleiereule von solchen Schwankungen betroffen. Eulen bilden besonders stabile Gewölle, durch deren Untersuchung ihr euch von ihrem Speisezettel überzeugen könnt (siehe Seite 37).

Waldkauz

Neben der Waldohreule ist er die häufigste und verbreitetste heimische Eulenart. Ihr könnt Waldkäuze auch in Stadtparks und Gärten antreffen, sofern alte Bäume vorhanden sind. Bei tiefer Dämmerung und nachts jagen sie zwischen locker stehenden Bäumen, an Waldrändern und auch auf offenen Flächen. Ihre Nahrung ist sehr vielseitig: Kleine Säugetiere und Vögel können bis zu einer Größe von etwa 300 g geschlagen werden. Mäuse machen in der Regel den Hauptanteil der Beute aus.

Schon im Winter könnt ihr den Balzgesang hören, ein heulendes, aber durchaus wohlklingendes »Hu-hu-hu-huhuuuu«. Gel-

Unsere heimischen Eulen im Größenvergleich

lende »Kju-wik-Laute« sind besonders oft von Weibchen zu hören. Tagsüber sitzen Waldkäuze oft hoch in den Bäumen, nahe an den Stamm gedrückt. Man kann sie am besten entdecken, wenn die Laubbäume noch keine Blätter tragen. Ein dicker runder Kopf und große schwarze Augen sind typische Merkmale für den Waldkauz. Die rindenfarbige Oberseite ist entweder überwiegend braun oder mehr grau gefärbt.

Waldohreule

Sie ist kleiner und vor allem deutlich schlanker als der Waldkauz; ihre langen Federohren stellt sie bei Erregung auf. Übrigens: Die kleinen Federbüschel am Kopf sind keine Ohren; das Gehörorgan liegt verborgen im Gefieder an den Seiten des Kopfes. Auch Waldohreulen sitzen tagsüber meist auf einem Baumast, häufig mehr oder weniger dicht an den Stamm geschmiegt. Die Regenbogenhaut des Auges ist auffallend orangefarben, beim Waldkauz dagegen dunkel.

Waldohreulen halten sich vor allem in den Randgebieten dichter Nadel- und Mischwälder auf, in Feldgehölzen und kleinen Baumgruppen, gelegentlich auch in großen Gärten oder Parkanlagen. Im Winter ziehen sie oft in größeren Ansammlungen in Parks und Gärten unserer Städte. Dann könnt ihr tagsüber mehrere auf den Bäumen sitzen sehen. Sonst halten sie sich aber einzeln und sind sehr schwer zu entdecken, da sie sich vor allem in dichten Fichtenbeständen verstecken. Ihr Hauptbeutetier ist die Feldmaus; daneben werden auch andere Kleinsäuger und seltener auch einmal Jungvögel geschlagen. Auch mit dem Gehör ist die Waldohreule gar nicht leicht auszumachen. Der Revierruf des Männchens, ein leises »Hu«, wird oft stereotyp etwa im Atemtempo wiederholt. Auch fauchende und bellende Rufe kann man von Waldohreulen hören. Im Hochsommer gibt oft der durchdringende Bettelruf der Jungen, die als Ästlinge bereits das Nest verlassen haben und irgendwo im dichten

Gezweig sitzen, einen wichtigen Hinweis für eine erfolgreiche Eulenbrut. Der Ruf ist ein klagendes, häufig wiederholtes »Psi-e«, das mitunter die ganze Nacht durch regelmäßig wiederholt wird.

Steinkauz

Nur noch selten sieht man bei uns diese kleine gedrungene Eule mit den schwefelgelben Augen. Vor allem Gebiete mit alten Obstbäumen auf Streuwiesen oder Weinbaulandschaften bilden den Lebensraum des wärmeliebenden Steinkauzes. Das ersatzlose Roden alter Obst-Hochstämme, Flurbereinigung an Weinbergen und andere Verödungen der Landschaft brachten einen gefährlichen Bestandsrückgang. Ihr könnt dem Steinkauz allerdings mit künstlichen Nistgeräten helfen (siehe Seite 49). Steinkäuze lassen sich auch bei Tag beobachten. Ihre Erregung zeigen sie durch auffälliges Knicksen. Der Balzruf des Männchens ist ein langgezogenes helles »Guhk«; man hört auch durchdringende »Quik«- und kläffende Laute. Der Steinkauz erbeutet große Insekten, auch Mäuse und einige Kleinvögel.

Schleiereule

Die auffälligen Federkränze um die Augen, die das Gesicht der Schleiereule bestimmen, gaben ihr den merkwürdigen Namen. Als Brutvogel ist sie ein ausgesprochener Kulturfolger; ihre Gelege findet ihr auf Scheunenböden, in Turmluken und Mauerlöchern. Als spezialisierter Mäusejäger hängt ihre Häufigkeit und Verbreitung unmittelbar vom Angebot ihres Hauptbeutetieres ab. In Jahren, in denen es wenig Mäuse gibt, müssen Schleiereulen ganz auf eine Brut verzichten, da die Nahrung zur Aufzucht von Jungen nicht ausreicht. Dafür können sie in Jahren mit besonders hohem Mäuseangebot viele Junge großziehen, mitunter sogar in zwei Bruten hintereinander. Ob Scheunen, Dach- oder Turmböden von einer Schleiereule bewohnt sind, könnt ihr durch systematische Gewöllsuche feststellen. Mit einer Taschenlampe bewaffnet, fallen euch die walzenförmigen, oft recht dunklen Gebilde sicher auf. Oft findet ihr sie zu regelrechten Haufen zusammengetragen. Ältere Gewölle zerfallen langsam und geben die Mäuseknochen frei. Im Gegensatz zu den meisten anderen Eulenarten verfügen Schleiereulen nicht über laute und wohlklingende Rufe. Ihr kratzendes und heiseres »Chrrüh« kann furchtsamen Leuten, die vielleicht, ohne es zu wissen, mit einer Schleiereule zusammenleben, Angst einjagen.

Heimische Eulen auf einen Blick

Wichtige Merkmale

Größer als Bussard:	Uhu
Größer als Krähe:	Waldkauz, Waldohreule, Sumpfohreule, Schleiereule
Kleiner als Taube:	Steinkauz, Rauhfußkauz, Sperlingskauz
Federohren:	Uhu, Waldohreule
Dunkle Augen:	Waldkauz, Schleiereule
Gelbe Augen:	Sumpfohreule, Steinkauz, Rauhfußkauz, Sperlingskauz
Gelbrote Augen:	Uhu, Waldohreule

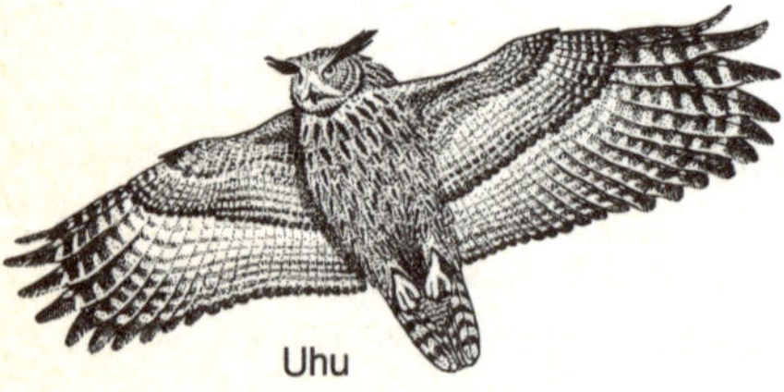

Uhu

Sperlingskauz

Wo kommen sie vor?

1. Allgemein verbreitet, auch im Kulturland häufig:
   Waldkauz, Waldohreule
2. Im Tiefland, besonders im Kulturland, ehemals verbreitet, heute zum Teil selten geworden; fehlen in Wäldern und im Bergland:
   Steinkauz, Schleiereule
3. Verbreitet in Bergwäldern, besonders in den Alpen und in hohen Mittelgebirgen:
   Rauhfußkauz, Sperlingskauz
4. Selten; im Mittelgebirge und in den Alpen:
   Uhu
5. Sehr selten und nur in manchen Jahren bei uns; auf Mooren und Heideflächen:
   Sumpfohreule

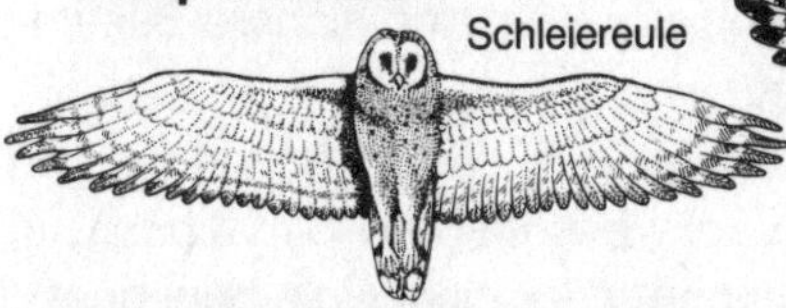
Schleiereule

Waldohreule

Wo und wie brüten sie?

1. Höhlenbrüter im geschlossenen Wald:
   Rauhfußkauz, Sperlingskauz, Waldkauz
2. Baumhöhlenbrüter im Kulturland:
   Waldkauz, Steinkauz
3. In Gebäuden, Scheunen, Mauerlöchern usw.:
   Waldkauz, Schleiereule, Steinkauz
4. Auf Felsbändern, Felsterrassen usw.:
   Uhu
5. In Krähen- und Elsternnestern:
   Waldohreule
6. Auf flachem Boden:
   Sumpfohreule

Waldkauz

Wie lernt ihr Greifvögel und Eulen kennen?

Gute Bücher mit Beschreibungen und Bildern sind eine wichtige Grundlage und führen weiter. Anregungen zum Schmökern entnehmt ihr der Zusammenstellung auf Seite 55. Praktische Erfahrungen können Bücher allerdings nicht ersetzen. Aber gerade das Leben der Greifvögel und Eulen ist für uns besonders schwer zugänglich. Das hat verschiedene Gründe:

- Viele Greifvogel- und Eulenarten sind von Natur aus nicht häufig und heute in unserer Kulturlandschaft sogar sehr selten geworden.
- Vor allem die Eulen, aber auch viele Greifvogelarten leben verborgen und bevorzugen solche Lebensräume, die nicht in unserer nächsten Umgebung liegen.
- Oft ereignen sich Begegnungen mit Eulen und Greifvögeln ganz unverhofft oder sind so kurz, daß ihr keine ausreichende Gelegenheit habt, genug Eindrücke für eine sichere Bestimmung der Arten zu sammeln.
- Viele Beschreibungen und Bilder in Büchern können nur den Normalfall darstellen, nicht die besonderen Situationen, in denen man oft einem Greifvogel oder einer Eule begegnet.

Grundsätzlich solltet ihr euch bei der Bestimmung eines Vogels nicht nur auf ein einziges Merkmal verlassen. So könnt ihr zwar viele Greifvogelarten schon an ihrem Flugbild gut erkennen, doch oft nehmt ihr die Unterschiede der einzelnen Arten nicht so deutlich wahr wie auf den Abbildungen eines Buches. Das kann daran liegen, daß man aus spitzem Winkel oder senkrecht von unten auf das Flugbild sieht oder daß Windverhältnisse und Luftturbulenzen den hoch dahinsegelnden Greifvogel zu Ausgleichs- und Steuerungsbewegungen zwingen, die sein Flugbild ganz untypisch werden lassen. Ein fliegender Mäusebussard kann je nach Verhältnissen recht unterschiedlich aussehen. Es kommt also nicht nur auf die Form, sondern auch auf die Bewegung an.

Habt ihr einen Mäusebussard (oder Turmfalken) unter den verschiedensten Bedingungen oft beobachtet, dann reicht eure persönliche Erfahrung aus, um rasch und auf den ersten Blick andere, euch womöglich noch unbekannte Greifvogelarten von ihm zu unterscheiden. Dabei werdet ihr die Erfahrung machen, daß es mitunter gar nicht leicht ist, den persönlichen Eindruck draußen mit der Abbildung oder Beschreibung im Buch in Verbindung zu bringen. Selbst bei einfachen Dingen wird man oft unsicher. So ist es außerordentlich schwierig, wenn nicht gar unmöglich, Größenverhältnisse bei einem fliegenden Greifvogel gegen den Himmel richtig einzuschätzen. Entscheidend ist daher, daß ihr versucht, einen unbekannten Greifvogel möglichst mit einem vertrauten Gegenstand oder einem bekannten Vogel zu vergleichen, zum Beispiel mit einer vorbeifliegenden Krähe oder Taube. Durch ausgefallene oder nachwachsende Federn (etwa während der Mauser) kann sich das Flugbild eines Greifvogels auch etwas verändern, vor allem dann, wenn wichtige Federn an der Flügelspitze oder am Schwanz fehlen oder noch nicht voll ausgewachsen sind.

Für eure Beobachtungen braucht ihr unbedingt einen Feldstecher. Am besten hat sich zehnfache Vergrößerung bewährt. Für den Anfang genügt ein einfaches, nicht so teures Modell. Bedenkt aber bitte, daß billige Feldstecher, die oft eine durchaus gute optische Leistung bieten und für die Beobachtung völlig ausreichen, nicht immer besonders widerstandsfähig sind gegen einen derben Stoß und daher leichter einmal zu Bruch gehen als kostspieligere Gläser. Im übrigen braucht ihr selbst für die Eulenbeobachtung nicht unbedingt ein teures und oft recht schweres »Nachtglas«. Für eine 8 bis 10fache Vergrößerung genügt ein Linsendurchmesser von 40 bis 50 mm am unteren, also breiteren und vom Beobachter wegzeigenden Ende des Feldstechers. Für die Beobachtung von Greifvögeln und Eulen am Horst oder auch von langsam kreisenden Greifvögeln auf sehr große Entfernung benutzen Fachkundige Fernrohre mit 20- bis 40facher Vergrößerung. Solche einäugigen Fernrohre kosten nicht nur viel Geld, ihr könnt sie auch nicht mehr frei in der Hand halten. Ihr Einsatz erfordert wegen des starken Bildverwackelns ein möglichst stabiles Stativ mit Kugelkopf, auf dem sich das Fernrohr in alle Richtungen bewegen, aber gleichzeitig auch feststellen läßt. Greifvogel- und Eulenbeobachtungen sind jedoch nicht von solchen teuren Geräten abhängig. Eine große Rolle spielt, zumal bei den Eulen, die Spurensuche (siehe Seite 37).

Greifvögel lassen sich zu allen Jahreszeiten gut beobachten. Im Winter habt ihr vor allem bei strenger Kälte und langer Schneelage die Chance, manche Arten näher an menschlichen Siedlungen zu beobachten, zum Beispiel Habicht, Sperber, Mäusebussard oder Turmfalke. Eine gute Möglichkeit für Greifvogelbeobachtungen bieten offene Wasserstellen mit Wasservögeln, schneefreie Flecken oder Abfall- und Luderplätze (Luder = von Jägern ausgelegtes Fleisch oder Aas für Beutegreifer). Anders als etwa bei den Singvögeln eignen sich die späten Vormittagsstunden bei sonnigem Wetter am besten zum Beobachten jagender Greifvögel. Vor allem große und auf Segelflug angewiesene Arten, wie Bussarde und Adler, nutzen die dann entstehenden Aufwinde der Warmluft, um mühelos zu segeln.

Manchmal machen euch andere Vögel auf gefiederte Beutegreifer aufmerksam.

Ein vielstimmiges, erregtes Warnrufen der Singvögel in Büschen und Bäumen weist untrüglich auf einen jagenden Sperber hin, den man oft nur für wenige Sekunden vorbeihuschen sieht. Habt ihr einmal den Sperberalarm bei Singvögeln gehört, werdet ihr auch in Zukunft leicht auf den kleinen Singvogeljäger aufmerksam. Durchdringendes Warnen der hoch in der Luft jagenden Schwalben kann euch auf einen Baumfalken aufmerksam machen, den ihr sonst leicht überseht. Wenn Singvögel mit hoher

Stimme lärmen oder schimpfen, lohnt es sich immer, aufmerksam nachzusehen. Mitunter könnt ihr so auch eine versteckt sitzende Eule entdecken.

Spurensuche

Einen Habicht bei erfolgreicher Jagd zu beobachten bedeutet einen seltenen Glücksfall. Kaum jemals werdet ihr Zeuge sein, wenn ein Waldkauz oder eine Waldohreule eine Maus schlägt. Lernt ihr aber Spuren zu lesen, gewinnt ihr nicht nur über die Aufenthaltsgebiete und Jagdgewohnheiten der Greifvögel und Eulen, sondern sogar über die Zusammensetzung ihrer Beute Aufschluß.

Von Greifvögeln geschlagene Vögel werden nämlich meist gerupft, bevor sie verzehrt oder in den Horst getragen werden. Es lohnt sich also, auf dem Waldboden verstreute Federn genauer zu untersuchen. Vollständige Rupfungen, die Schwanz- und Flügelfedern, aber auch Kleingefieder enthalten und meist an schwer einsehbarer Stelle im Dickicht liegen, deuten auf Habicht oder Sperber als Täter. Baumfalken rupfen ihre Beute entweder in der Luft oder auf einer erhöhten Sitzwarte. Daher sind hier die Federn verstreut und schwer zu finden. Ein zusammenhängender knöchener Schultergürtel mit ungerupften Flügelfedern kann von der erfolgreichen Jagd eines Wanderfalken stammen. Meist ist es nicht einfach, den Täter allein nach der Rupfung zu bestimmen. Ihr könnt aber verhältnismäßig leicht feststellen, ob hier ein Greifvogel eine Beute geschlagen hat oder beispielsweise ein Fuchs. Er beißt die Federn in der Regel an der Basis ab. Greifvogelrupfungen zeigen dagegen unbeschädigte Federkiele.

Wichtig ist aber auch, die Art der Beute festzustellen. Vor allem könnt ihr euch damit einen Überblick verschaffen, welche Vögel bevorzugt geschlagen werden. Dazu solltet ihr euch eine kleine *Federsammlung* anlegen. Es macht viel Spaß, aus einzelnen Federn die Art, vielleicht sogar auch Alter und Geschlecht des

Beutevogels zu ermitteln. Bewahrt einfach die gefundenen Federn, nach Vogelarten getrennt, in kleinen Plastiktütchen auf. Für leichteres Nachschauen könnt ihr aber auch die Federn übersichtlich auf einen Karton oder ein Blatt Papier kleben und die Blätter in einer Mappe aufheben. Jedes Blatt beschriftet ihr mit Datum und Angaben zur Fundstelle. Eine solche Federsammlung hilft sehr gut, Beutetiere der Greifvögel zu bestimmen. Manchmal könnt ihr schon an einigen wenigen Federn den Vogel sicher erkennen, wenn gutes Vergleichsmaterial zur Verfügung steht.

Kleinere Beutetiere, vor allem Mäuse und andere Kleinsäuger, werden oft mit Haaren und Knochen hinuntergeschlungen. Die unverdaulichen Reste geben Greifvögel und Eulen als Speiballen wieder von sich. Wegen der vielen Haare, die sie enthalten, nennt man solche walzenförmigen Gebilde auch Gewölle. Die Gewölle von Greifvögeln bestehen häufig nur aus Federn oder Haaren; die kleinen Knochen werden meistens mitverdaut. Eulengewölle dagegen enthalten stets Knochen, oft so unversehrt, daß man daraus die Beutetiere bestimmen kann. Bei den heimlich lebenden Eulen geben Gewöllefunde oft den einzigen Hinweis auf ihre Anwesenheit. Ob Turm- oder Dachböden von der Schleiereule besiedelt sind, könnt ihr am besten durch Gewöllefunde ermitteln. Viele Gewölle unter einem Baum verraten uns den Tageseinstand eines Waldkauzes oder einer Waldohreule.

Eulengewölle sammelt ihr am besten auf und nehmt sie mit nach Hause, um sie dort genauer zu untersuchen. Sie sind keineswegs unappetitlich. Ihr könnt die Gewölle vorsichtig mit Pinzette und Nadel zerlegen, um dann die enthaltenen Knochen behutsam herauszulösen. Noch einfacher ist es, die Gewölle nur grob zu zerlegen und sie dann in Wasser aufzuschwemmen. Die filzige Masse der Haare trennt sich dabei wie von selbst von den feinen Knochen. Besonders interessant sind die Schädelknochen von Mäusen und anderen Kleinsäugern, die man mit Hilfe einer Lupe gut bestimmen kann. Auch Vogelschädel und Insektenreste, vor allem stark chitinisierte Flügeldecken und Köpfe von Käfern, und gelegentlich Fischschuppen könnt ihr im Gewölle entdecken. Da Eulen kein Nestmaterial eintragen, bilden die Gewölle manchmal eine Polsterung für die Eier des Geleges und die Jungen.

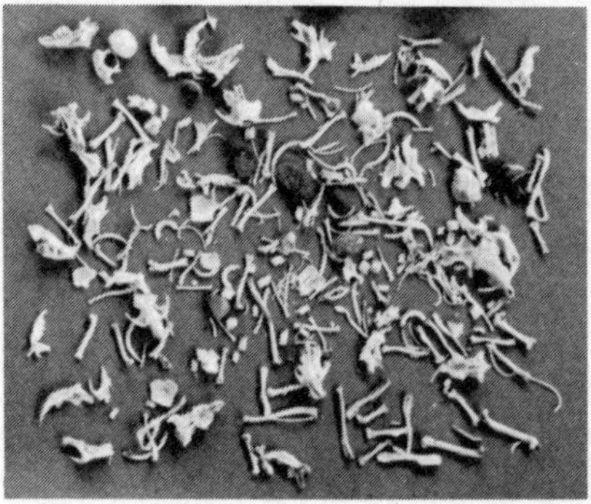

Unterkiefer Wasserspitzmaus (oben) und Feldmaus (unten) im Größenvergleich

Zerlegtes Gewölle einer Schleiereule (Knochenanteile)

Spurensuche kann uns auch helfen, Horstplätze von Greifvögeln zu finden. Selbst große Horste von Habichten oder Mäusebussarden sind nicht leicht im dichten Wald zu entdecken. Es empfiehlt sich daher bereits im Vorfrühling, wenn die Bäume noch nicht belaubt sind, Waldstücke nach großen Nestern zu durchstreifen. Auch ehemalige Krähen- und Elsternnester werden registriert. Später im Frühsommer könnt ihr dann Nachschau halten, ob die Horste besetzt sind. Weiße Kotspritzer am Boden unter dem Horstbaum verraten uns das. Es ist keinesfalls nötig, auf den Baum zu klettern und die Greifvogelbrut zu stören. Im mutmaßlichen Horstbereich von Greifvögeln verhaltet ihr euch besonders rücksichtsvoll. Wie bei den Singvögeln könnt ihr an aufgehängten Nistkästen oder auf Turm- und Dachböden vorsichtig nachschauen, um euch zu überzeugen, wie es um die Brut von Turmfalke, Schleiereule oder Steinkauz bestellt ist. Gelegentliche und behutsame Kontrollen schaden nicht.

Greifvögeln und Eulen helfen

Greifvögel und Eulen brauchen viel Platz. In unserer modernen Kulturlandschaft gehen immer mehr naturnah genutzte Flächen verloren. Ein einzelner wird sich kaum für die Erhaltung und Gestaltung geeigneter Lebensräume erfolgreich einsetzen können. Doch könnt ihr mitwirken, Schutzgebiete zu sichern und zu überwachen. Damit leistet ihr bereits einen guten Beitrag. Gerade, wenn ihr Greifvögeln und Eulen helfen wollt, empfiehlt es sich, eine Gruppe Gleichgesinnter zu bilden oder sich einer bestehenden Vogelschutzgruppe anzuschließen. Viele heutige Naturschutzaufgaben setzen gemeinschaftliches Handeln voraus.

Horstbewachung beim Wanderfalken

Der Wanderfalke ist bei uns buchstäblich in letzter Minute vor dem völligen Aussterben bewahrt worden, weil eine Gruppe von Vogelschützern aller Altersstufen und Berufe die mühevolle Aufgabe übernommen hatte, die letzten Brutplätze des Wanderfalken rund um die Uhr zu bewachen. Die Arbeitsgemeinschaft Wanderfalkenschutz des Deutschen Bundes für Vogelschutz hat in Baden-Württemberg nicht nur den letzten Restbestand des aussterbenden Greifvogels retten können, sondern auch erreicht, daß die Zahl der Paare und der jährlich aufgezogenen Jungvögel wieder anstieg. Heute ist dort der Wanderfalke zunächst einmal aus der unmittelbaren Gefahrenzone. Auch in Bayern haben junge ehrenamtliche Mitarbeiter des Landesbundes für Vogelschutz in den letzten Jahren mehrere Wanderfalkenhorste wochenlang bewacht.

Eine solche Horstbewachung ist kein romantisches Abenteuer! Stundenlange Aufmerksamkeit ermüdet; Regen oder Kälte erschweren die Aufgabe; Protokolle müssen sorgfältig geführt werden. Die Horstbewachung soll auch Erkenntnisse für weitere Schutzmaßnahmen bringen, die wichtig sind. Es stellte sich nämlich heraus, daß unsere Vorstellungen über das Brutleben des seltenen Falken, aber auch über die Gefahren und Probleme der Ergänzung bedurften. Vieles hat man inzwischen aus den Horstbewachungen gelernt. Manche Wanderfalkenschützer arbeiten heute mit modernsten Geräten (zum Beispiel Videokameras), um ihre gefährdeten Schützlinge möglichst genau beobachten zu können.

Warum war die Horstbewachung so erfolgreich, warum ist sie heute noch nötig? Leider gibt es gar nicht so wenige Zeitgenossen, die Wanderfalkenhorste ausnehmen. Eier oder Jungvögel erzielen immer noch hohe Preise bei Falknern, insbesondere im Orient. Fast jedes Jahr werden deutsche Horsträuber im In- und Ausland bei solchen illegalen Unternehmungen erwischt. Doch auch harmlose Spaziergänger, in den Felswänden vor allem Kletterer, können für eine Wanderfalkenbrut unwissentlich tödlich wirken. Hier sollten Horstbewacher aufklären und erreichen, daß wenigstens für die Zeit der Brut und Jungenaufzucht die unmittelbare Horstumgebung Ruhe vor Menschen hat.

Man ging schon dazu über, die Felsnischen für eine Wanderfalkenbrut zu verbessern und künstliche Nistplätze zu schaffen, die Wind und Regen nicht schutzlos ausgesetzt sind und die Nesträubern, wie dem Steinmarder, den Zugang erschweren. Dort, wo sich Arbeitsgemeinschaften zum Schutz des Wanderfalken gebildet haben, lohnt sich ein Mitmachen. In Schleswig-Holstein werden die letzten bundesdeutschen Horste der Seeadler ähnlich streng bewacht wie die der Wanderfalken in Baden-Württemberg. Auf eigene Faust und ohne sachkundige Anleitung betriebene „Horstüberwachung" von Greifvögeln kann schaden, statt zu schützen.

Was ist von Wiedereinbürgerung zu halten?

Die Idee, in Gefangenschaft gezüchtete Tiere in Freiheit zu entlassen, um sie in Gebieten wieder heimisch zu machen, aus denen sie verschwunden waren, ist nicht neu. Doch lange Zeit blieben Erfolge solcher aufwendigen und kostspieligen Maßnahmen aus. Erst in neuester Zeit sind Uhus und Wanderfalken „ausgewildert“ worden, die dann auch in Freiheit brüteten und vielleicht den Beginn stabiler Bestände darstellen. Allerdings sind die technischen und finanziellen Probleme groß, gesetzliche Vorschriften zu beachten. Schutzmaßnahmen bei Uhu und Wanderfalke haben bewiesen, daß es auch möglich ist, zusammengeschrumpfte natürliche Bestände wieder in die Höhe zu bringen – wenn alle mitmachen! Heute ist es in Deutschland daher kaum mehr nötig, etwa Uhus in Freiheit zu entlassen. Ob beim Wanderfalken zur Stützung der Restbestände solche Freilassungen sinnvoll sind, kann nicht mit Sicherheit gesagt werden. Jedenfalls müssen solche Projekte sorgfältig geplant und mit Fachleuten wie Behörden abgestimmt sein.

Die Kunst, seltene Greifvögel und Eulen in Gefangenschaft nicht nur zu halten, sondern auch zu züchten, bedeutet einen sehr wichtigen Beitrag zum Schutz gefährdeter Arten. Sie darf aber nicht dazu führen, daß überall im Lande „Falkenhöfe“ entstehen, in denen für Geld Adler, Falken, Uhus, Geier und andere Greifvögel zur Schau gestellt werden, oft mit dem Hinweis, daß hier eine Zuchtstation für den Naturschutz arbeite. Es gibt viele junge Leute, die sich gern einen Greifvogel halten. Abgesehen davon, daß das nicht ohne weiteres erlaubt ist (einzelne Bundesländer haben verschieden strenge Regelungen), wird damit sicher kein Beitrag zum Greifvogelschutz geleistet. Die Pflege, aber auch das Entlassen in die Freiheit fordern große Verantwortung und gründliche Fachkenntnisse.

Fütterung im Winter

Bei hoher Schneelage geht es vielen Greifvögeln schlecht. Harte Winter bedeuten vor allem für Mäusejäger schlimme Zeiten. Dann geschieht es nicht selten, daß Mäusebussarde an toten Tieren kröpfen (fressen), Waldohreulen mitten in die Stadt kommen oder Turmfalken versuchen, am Futterbrett Kleinvögel zu schlagen. Größere winterliche Ansammlungen von Waldohreulen oder Bussarden an günstigen oder geschützten Stellen deuten an, daß die Nahrung knapp geworden ist.

Am leichtesten könnt ihr Mäusebussarden und vielleicht auch einigen anderen bei uns überwinternden Greifvögeln, wie zum Beispiel Rauhfußbussarden, Kornweihen und selbst mitunter Habichten, helfen, wenn ihr mit Fleischabfällen einen Luderplatz anlegt. Solche Abfälle bekommt ihr billig oder geschenkt von Schlachthöfen. Sie werden an möglichst wind- und schneegeschützten Stellen ausgelegt. Für Bussarde müssen sie aber dennoch offen, das heißt von weither sichtbar, sein. Zumindest über strenge Kälteperioden könnt ihr Greifvögel damit durchfüttern. Sperber holen sich ihren Anteil auch an Singvogelfütterungen. Richtet ihr solche im Wald ein, helft ihr damit auch diesem Greifvogel und vielleicht auch dem Waldkauz, in Bergwäldern dem Sperlingskauz.

Eulen lassen sich normalerweise nicht mit ausgelegtem Fleisch füttern. Sie schlagen nur lebende Beute. Man hat Schleiereulen, Waldohreulen, Waldkäuze und Sperlingskäuze in schneereichen Wintern schon erfolgreich mit weißen Labormäusen füttern können. In einer hohen Plastik- oder Zinkwanne, die mit etwas Stroh ausgelegt ist, werden abends Mäuse ins Freie gesetzt. Einer oder zwei der kleinen Taschenöfen zum Händewärmen oder eine andere geeignete kleine Wärmequelle sorgen für erträgliche Temperaturen in der Wanne. Durch das Rascheln der krabbelnden Mäuse werden Eulen angelockt und holen sich die Beute im Sturzflug. Auch kleine Flächen, etwa am Waldrand, die man schneefrei schaufelt, können Mäuse anlocken. Hierzu streut man Maisbruch, Dreschabfälle oder einfaches Körnerfutter für Hausgeflügel oder Singvögel auf den Boden und deckt die Futterstelle mit Stroh zu. Mäuse werden angelockt, besonders an kalten Wintertagen und -nächten. Sie wiederum ziehen Eulen an, die bei Frost und Schnee jede Möglichkeit für Nahrung nützen müssen. Auch an Futterstellen für Singvögel sorgen heruntergefallene Körner oft für die Anwesenheit von Mäusen. Für Schleiereulen sollte man Öffnungen in Feldscheunen vorsehen. Hat man ins Scheuneninnere Körner gestreut, finden sich auch hier Mäuse ein, die von Eulen selbst bei völliger Dunkelheit zielsicher erbeutet werden. Selbstverständlich besprecht ihr solche Maßnahmen vorher mit dem Scheunenbesitzer. Wer freundlich fragt, darf auch eine freundliche Antwort erwarten. Mäusebussarde sitzen oft an Böschungen, an denen der Schnee am ehesten abtaut. Hier könnt ihr ihnen durch Aufstellen von Sitzkrücken die Jagd erleichtern. In weithin ausgeräumten Ackerlandschaften, die keine Ansitzwarten für den Mäusebussard mehr enthalten, leisten Sitzkrücken auch im Sommer gute Dienste. Ihr nagelt auf einen 1,5 bis 2 m hohen kräftigen Stock ein kleines Querholz und verankert das Ganze standfest im Boden.

Wir tun was gegen den Rufmord

Die Zeiten der gnadenlosen Verfolgung aller Vögel, die einen krummen Schnabel tragen, sind hoffentlich vorbei. Doch die Folgen jahrhundertelanger Hetze spüren Greifvögel und Eulen noch immer. »Taubenstößer«, »Hühnergeier«, »Hühnerhabicht«, »Hennenhack«, »Raubvogel«, »Totenvogel« – sind einige Ausdrücke der Menschen, die immer noch mit Vorurteilen oder sogar abergläubisch von Greifvögeln und Eulen sprechen. Um das Niederwild, das durch die moderne Landschaftsverödung zum Teil gefährdet ist, zu schützen, werden in einigen Bundesländern auch heute noch Mäusebussarde oder Habichte zum Abschuß oder Fang freigegeben.

Um hier eine Besserung zum Schutz der fast durchwegs gefährdeten Greifvögel und Eulen zu erreichen, müßt ihr euch erst einmal gut über die bei euch lebenden Arten unterrichten. Unwissenheit ist eine der Hauptursachen dafür, daß es gerade diesen Vögeln so schlecht geht. Ihre Beobachtung erfordert Ausdauer, Naturliebe – und etwas Glück. Wenn ihr aufmerksam seid, werdet ihr sicher Mäusebussard und Turmfalke, winters am ehesten auch Sperber und von den Eulen, Waldkauz und Waldohreule entdecken können. Ihr werdet dann bald feststellen, daß Greifvögel gar nicht so häufig sind, wie viele Leute behaupten. Besonders der oft genannte Habicht wird vielerorts recht selten angetroffen. Die leicht zu beobachtenden Mäusebussarde müssen herhalten, um die angeblich große Zahl der Beutegreifer, die Niederwild oder Hausgeflügel gefährlich werden sollen, zu belegen.

Wenn ihr eigene Erfahrung gesammelt und euch auch ein bißchen in Büchern umgesehen habt, wird es euch leichter fallen, für Greifvögel einzutreten. Merkblätter und Fachinformationen könnt ihr auch von Vogelschutzverbänden (Adressen auf Seite 59) erhalten. Ob Greifvögel und Eulen als „nützlich" oder „schädlich" eingestuft werden, spielt keine entscheidende Rolle. Solche Wertungen aus beschränktem Gesichtskreis führen zu keinem sinnvollen Ergebnis. Entscheidend ist, daß kein Beutegreifer seine Beute ausrottet und daß fast alle Arten von Greifvögeln und Eulen heute so selten geworden sind, daß sie auf die Rote Liste der gefährdeten Tierarten der Bundesrepublik Deutschland gesetzt werden mußten. Nur Mäusebussard, Turmfalke, Waldkauz und Waldohreule stehen derzeit noch nicht in dieser Liste.

Habichte (und vielleicht auch manchmal Sperber) können tatsächlich unter Hausgeflügel Schaden anrichten. Für freilaufende Hühner empfehlen sich versetzbare Hordengitter, die auch an abgelegenen Einzelanwesen nahe am Waldrand das Geflügel schützen können. Bei Bedarf lassen sich die Auslaufbereiche ohne Schwierigkeiten versetzen. Glänzende Kugeln, die gut sichtbar auf einer 3–4 m hohen Stange aufgestellt werden, können Greifvögel abschrecken. Zur Not könnt ihr auch innen mit Silberbronze ausgegossene Flaschen verwenden. Man muß nicht immer gleich Greifvögel bekämpfen, wenn sie das leicht zu erbeutende Hausgeflügel bedrohen. Im übrigen stellt sich oft heraus, daß Meldungen über Greifvogelschäden an Hausgeflügel übertrieben, manchmal regelrecht aus der Luft gegriffen sind. Allerdings darf man auch als begeisterter Greifvogelschützer nicht alles abstreiten. Brieftaubenzüchter klagen mitunter zu Recht, daß der Habicht ausgerechnet ihre Reisetauben schlägt. Soll aber wegen eines Sports eine Vogelart verringert und gefährdet werden?

Nisthilfen

Großhöhlen für Wald- und Rauhfußkauz

Große Baumhöhlen, wie sie durch Fäulnis in alten, umfangreichen Baumstämmen entstehen, sind im modernen Wirtschaftswald außerordentlich selten geworden. Große Nistkästen aus Holzbeton oder Holz können einen gewissen Ersatz bedeuten. Für Rauhfußkäuze empfiehlt sich ein Durchmesser des Flugloches von etwa 8–10 cm; Waldkauzhöhlen sollten etwa 11–12 cm Durchmesser aufweisen. Solche Nistkästen bietet der Handel an; ihr könnt sie aber etwa nach dem Schema eines Singvogelnistkastens auch selbst aus Holz bauen. Als Material verwendet ihr Bretter von etwa 3 cm Stärke. Ein Waldkauzkasten ist zweckmäßigerweise 40–50 cm hoch und hat eine Bodenfläche von etwa 25×30 cm. Dementsprechend breit wählt ihr die Bretter. Als Bedeckung genügt ein einfaches, etwas schräg gestelltes, vorne leicht vorspringendes Dach. Die Ausmaße für einen Rauhfußkauzkasten nehmt ihr etwas kleiner.

Eulenkästen werden im Wald an großen Bäumen 3–4 m hoch aufgehängt. Waldkauzkästen könnt ihr auch in einem großen Park mit alten Bäumen anbringen. Da beide Arten kein Nestmaterial eintragen, legt ihr etwas Hobelspäne oder Sägemehl als Unterlage für die Eier in den leeren Kasten. Ob eine Nistkasten-

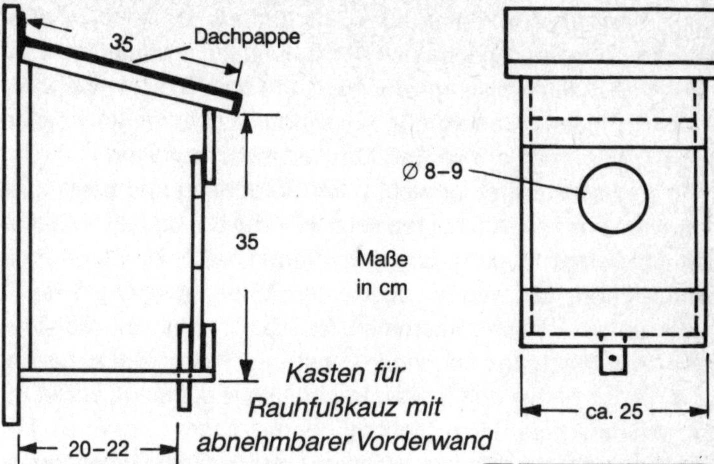

Kasten für Rauhfußkauz mit abnehmbarer Vorderwand

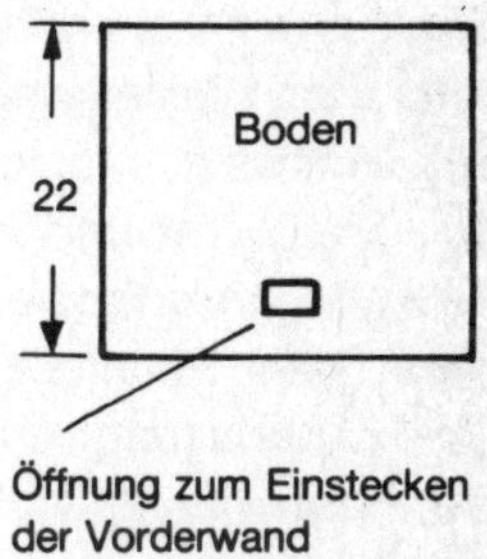

aktion für Eulen Erfolg hat, hängt von vielen Umständen ab. Ganz allgemein ist damit zu rechnen, daß es nicht einfach ist, Käuze in künstlichen Nistkästen anzusiedeln, wie etwa Meisen. Allerdings spielen große Nistkästen mit entsprechend großen Einfluglöchern auch für eine ganze Reihe anderer Vögel des Waldes eine wichtige Rolle. So werden vielleicht einmal die selten gewordenen Hohltauben oder auch Dohlen einen Kasten annehmen. Als Übernachtungshöhle sind solche Kästen für Spechte, zum Beispiel Schwarz-, Grün- und Grauspecht, von Bedeutung.

Gelegentlich kann euch der Kleiber einen Strich durch die Rechnung machen. Dieser baumkletternde Singvogel vermag sich durch einen Trick gegenüber größeren und stärkeren Konkurrenten um eine Nisthöhle mit Erfolg durchzusetzen: Er klebt nämlich die für ihn zu große Einflugöffnung mit Lehm und feuchter Erde zu, bis das Einschlupfloch für seine Körpergröße gerade noch paßt. Damit sperrt er größere Höhlenbewohner natürlich aus. Es empfiehlt sich daher, Singvogelnistkästen in der Nähe von Eulenhöhlen aufzuhängen, um dem Kleiber von vornherein für seine Körpergröße passende Nistkästen anzubieten und ihn dadurch vom großen Nistkasten fernzuhalten.

Eulenkästen solltet ihr nicht nach Gutdünken und beliebig in den Wald hängen. Am besten setzt ihr euch bei Nistkastenaktionen zuvor mit Vogelkundigen in Verbindung. Zunächst muß einmal festgestellt werden, ob in einem Mittelgebirgswald Rauhfußkäuze tatsächlich vorkommen. Nur dann habt ihr die Möglichkeit, ihnen durch das Anbringen künstlicher Nistgeräte zu helfen. Dort, wo ihr Nistkästen für den Rauhfußkauz aufhängt, solltet ihr auf Waldkauzkästen verzichten. In manchen Gegenden hat nämlich der viel kräftigere Waldkauz den kleinen Rauhfußkauz verdrängt. Gleiches gilt in den Bergwäldern unserer Alpen für den Sperlingskauz. Möglicherweise fallen Jungkäuze dieser Arten dem kräftigeren und vielseitigen Waldkauz zum Opfer. In großen Parkanlagen oder siedlungsnahen Waldbereichen dagegen, in denen keine Rauhfußkäuze vorkommen, könnt ihr dem Waldkauz durch Anbringung von Kästen helfen, und damit der einzigen bei uns noch häufig vorkommenden höhlenbrütenden Eule eine zusätzliche Chance bieten.

Ein für den Rauhfußkauz gefährlicher Nesträuber ist der Baummarder. Ihr solltet also möglichst einzeln stehende Bäume, die mindestens 4 m Abstand vom nächsten Baum haben, mit Kästen bestücken. Dann kann nämlich der Baummarder nicht überspringen und in die Nesthöhle eindringen. Bewährt haben sich auch hohe Blechmanschetten am Stamm, die dem Baummarder das Erklettern verwehren.

Baummarderschutz durch Blechmanschetten

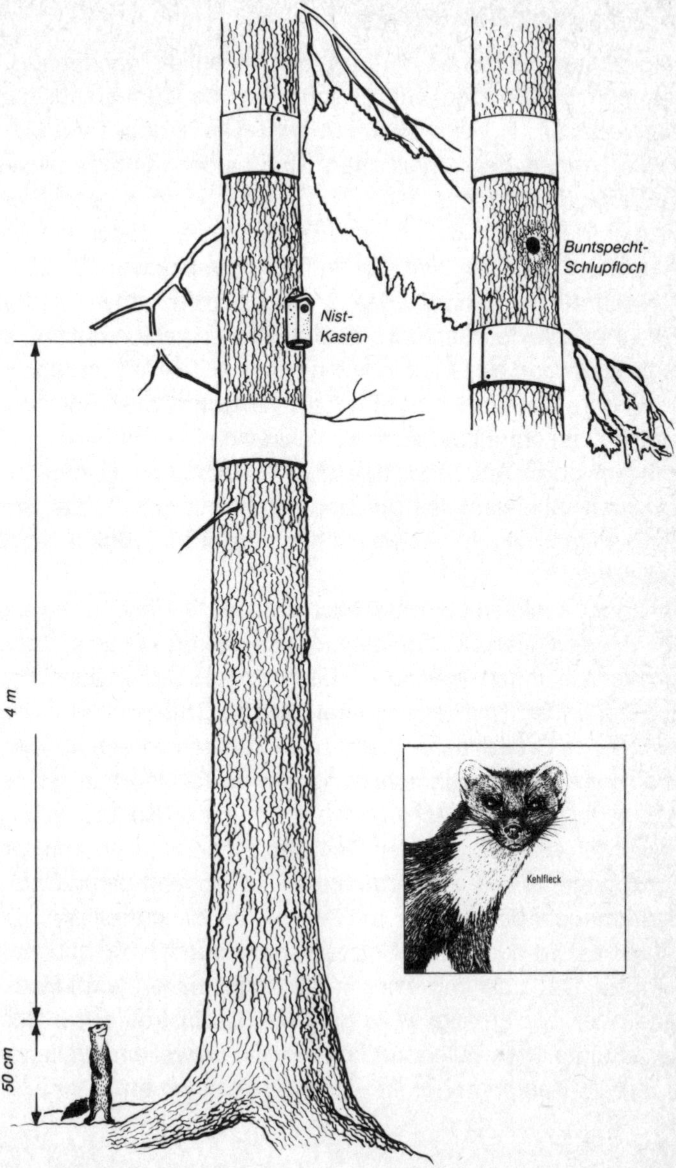
Buntspecht-
Schlupfloch
Nist-
Kasten
4 m
50 cm
Kehlfleck

Hilfe für die Schleiereule

Schleiereulen haben es schwer, weil ihnen oft der Einflug in Scheunen, Dachböden, Taubenschlägen oder Türmen aus ganz verschiedenen Gründen verwehrt wird. Da vergittert man zum Beispiel wegen der verwilderten Stadttauben Kirchturmluken. Eine Rücksprache mit dem Pfarrer oder dem Mesner kann vielleicht bewirken, daß für die Schleiereule wieder ein Einschlupfloch geöffnet wird. Einfluglöcher von etwa 15×20 cm gestatten der Schleiereule das Einfliegen, halten aber meistens die Tauben, die das Gestühl oder die Glocken verschmutzen, ab, besonders wenn das Einflugloch gleich ins Dunkle führt und als Einflugröhre nach innen mit Brettern verlängert wird. Selbstverständlich verschmutzen auch Schleiereulen ihre Umgebung. Ihr könnt dies durch Anbringen eines Kastens hinter dem Einflugloch vermeiden. Schleiereulen brauchen nicht nur geschützte Brutplätze, sondern auch vom Menschen ungestörte, ruhige Tageseinstände.

Ihr könnt Schleiereulen aber auch in neuen Gebäuden wie etwa in Aussiedlerhöfen, Maschinenhallen, Lagerhallen usw. ansiedeln, wenn ihr ihnen nicht nur ein Einflugloch, sondern auch einen entsprechenden Nistkasten bietet. Solche Brutkisten von etwa 70×100 cm Grundfläche werden am besten innerhalb eines Gebäudes an einer senkrechten Außenwand angebracht, so daß die Eule durch das Einschlupfloch sofort in den Kasten gelangt. Sinnvoll ist es, den größten Teil des Innenraums durch eine eingezogene Wand zu verdunkeln. Ein abnehmbarer Deckel gestattet euch, den Kasten von Zeit zu Zeit zu kontrollieren. Der Kasten besteht aus rohem Holz, das nicht durch Holzschutzmittel imprägniert oder mit einer Farbe angestrichen wird. Hobelspäne oder alte Eulengewölle gebt ihr als Einstreu dazu. Nach einer erfolgreichen Eulenbrut können alte Gewölle ruhig liegenbleiben. Im Kasten bringt ihr einige Sitzstangen an.

Oben: Seeadler, unten: Steinadler

Der Waldkauz brütet auch in Parks, sogar inmitten von Städten.
Oben und rechts: Waldkauz im Tageseinstand, unten: Ästling

Steinkauz (oben) und Schleiereule (unten) nutzen künstliche Bruthöhlen, wenn sie ihnen artgerecht angeboten werden

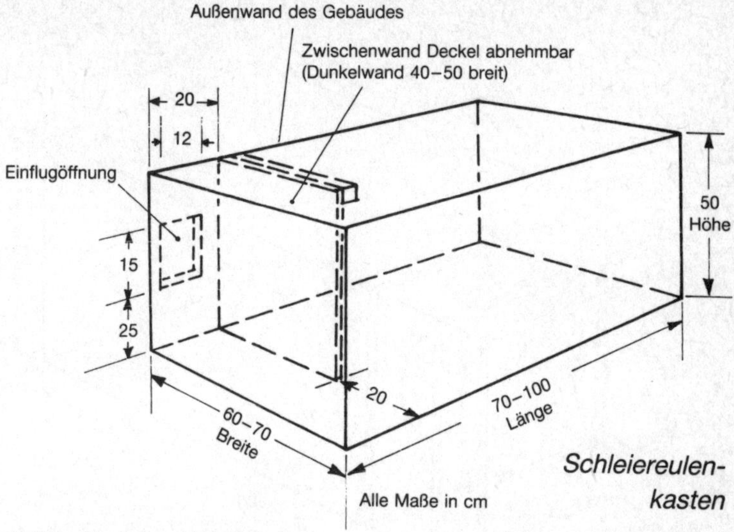

Schleiereulen-kasten

Hilfe für den Steinkauz

Der Steinkauz liebt das offene, mit einzelnen Bäumen bestandene Kulturland. Als Brutstätten wählt er zum Beispiel alte Obstbäume mit Asthöhlen, oft in der Nähe eines Dorfes, oder Kopfweiden an Flußufern und Wiesengräben. Gibt es in eurer Umgebung solche Gebiete, dann solltet ihr alles versuchen, für ihre Erhaltung einzutreten. Vogelschützer haben auch schon mit Erfolg alte hohle Kopfbäume wieder zurechtgeschnitten. In regelmäßigen Zeitabschnitten, etwa alle 5 Jahre, müssen nämlich die aus dem Kopf getriebenen Äste abgeschnitten werden, damit der alte hohle Stamm unter dem Druck der stärkeren Äste nicht auseinanderbricht. Die abgesägten Äste braucht ihr nicht wegzuwerfen. Sie können als Stecklinge (etwa 3 m lang) in die Erde gesteckt werden und erhalten damit den Weidenbestand auch für die Zukunft. Natürlich sind solche Aktionen nur mit Genehmigung der zuständigen Behörde bzw. mit dem Einverständnis des Grundstückbesitzers durchzuführen.

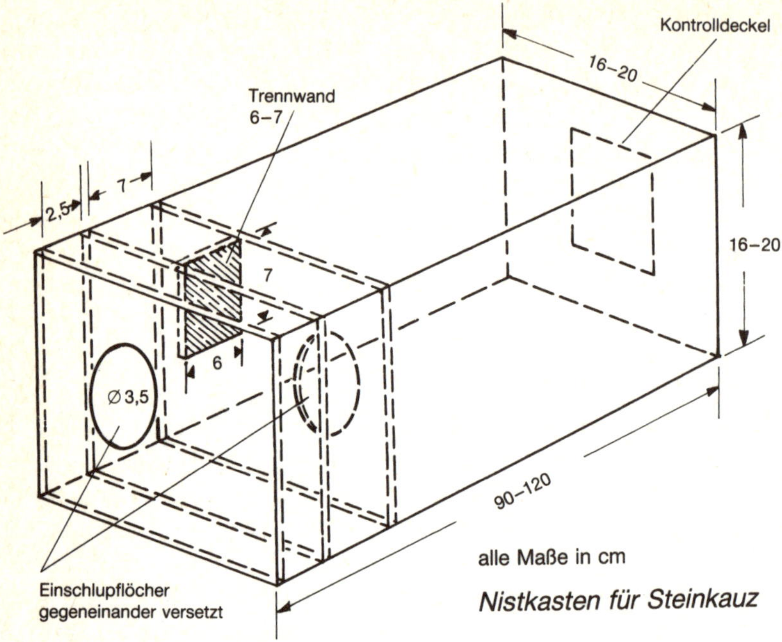

alle Maße in cm

Nistkasten für Steinkauz

Als künstliche Nisthilfen für den Steinkauz haben sich lange, röhrenförmige, runde oder rechteckige Kästen bewährt, die möglichst waagerecht am besten auf einem entsprechend kräftigen Ast befestigt werden. Wenn die Jungen noch flugunfähig die Röhre verlassen, kommen sie gleich „auf einen grünen Zweig". Eine Schilfmatte, um die Röhre gewickelt, verhindert, daß sich in der offenen Landschaft das Innere der Röhre allzu stark erhitzt. Ihr könnt auch kleine Luftlöcher hineinbohren. Wiesenlandschaften mit kleinen Baumgruppen und kleinen Gehölzen eignen sich besonders gut als Aufhängungsgebiete. Natürlich müßt ihr euch vorher überzeugen, ob überhaupt Steinkäuze in eurer näheren Heimat vorkommen. Der Steinkauz lebt hauptsächlich in Südeuropa. Er kann in rauhen Lagen nicht überdauern.

An dem etwas komplizierten Bastelplan des Steinkauz-Nistkastens fällt euch vielleicht auf, daß der Eingang zwei Wände aus versetzten Einfluglöchern aufweist. Dies soll verhindern, daß der gebietsweise häufige Steinmarder den Nistkästen, die er vielleicht im Laufe der Zeit kennenlernt, einen unliebsamen Besuch abstattet. Es empfiehlt sich sehr, die Vorder- und Zwischenwand sowie die halbhohe Trennwand (siehe Zeichnung) aus Hartholz herzustellen, damit der Marder sich nicht mit den Zähnen Zugang verschaffen kann. Niströhren für den Steinkauz aus Holzbeton sind im Handel erhältlich.

Nistkasten für den Turmfalken

Turmfalken sind keine ausgesprochenen Höhlenbrüter, finden aber an modernen Hochbauten kaum mehr geeignete Mauerlöcher, um ihre Eier abzulegen. Hier hat sich ein ganz einfacher Nistkasten bewährt, etwa nach dem Muster der Halbhöhle für Singvögel. Ihr rechnet eine Grundfläche von etwa 20–30 cm und eine Höhe der Seitenwände von 30–40 cm. Die Vorderwand ist nur höchstens zur Hälfte hochgezogen; das aufgenagelte Dach wird leicht abgeschrägt. Derartige Kästen können aus rohem Holz ganz einfach gefertigt werden. Legt etwas Holzmull oder grobe Sägespäne hinein.

Turmfalkenkästen bewährten sich vor allem dort, wo moderne Hochbauten keine Mauernischen und -löcher für das Gelege des Falken bieten. In den Niederlanden konnte man auch im völlig baumlosen Gelände durch Nistkästen auf Stangen Turmfalken erfolgreich ansiedeln.

Kunstnester und Nestkörbe

Außerhalb unserer Städte und dort, wo keine Felswände vorkommen, sind Turmfalken auf alte Elstern- und Krähennester angewiesen. Auch Waldohreulen und Baumfalken brauchen solche alten Nestunterlagen. Das kann mitunter gefährlich werden:

Lange Zeit war es in der Jagd üblich, im zeitigen Frühjahr Elstern und Krähen „aus den Nestern zu schießen«. Man schoß einfach durch das Nest, um die »Niederwildschädlinge« kurzzuhalten.

Gelegentlich wird das auch heute noch gemacht und sogar empfohlen. Besonders Waldohreulen, die ebenfalls sehr früh im Jahr mit der Brut beginnen, haben darunter zu leiden. Es ist selbstverständlich, daß ihr euch nicht durch falsche »Schädlingsbekämpfung« verleiten laßt, alte Elstern- und Krähennester zu zerstören oder von den Bäumen zu schlagen.

Man kann auch versuchen, künstliche Nestunterlagen an Bäume anzubringen. Waldohreulen, Turmfalken und Baumfalken brüten gern am Waldrand und in dichten kleinen Feldgehölzen. Als künstliche Nestunterlage eignet sich zum Beispiel ein Korbboden, der mit Ästen und kleinen Holzstücken, aber auch mit groben Holzspänen ausgelegt wird. Alle drei Vogelarten tragen keinerlei Nestmaterial ein! Natürlich muß die Unterlage möglichst sturmsicher im Baum verankert sein. 4–5 m sind die Mindesthöhe; besser ist es, die Nester noch höher in der Nähe des Baumwipfels anzubringen (vor allem für Turm- und Baumfalken). Alte Nester, in denen schon einmal Falken oder Eulen gebrütet haben, könnt ihr im Herbst ausbessern und sicherer verankern, damit sie im nächsten Jahr wieder einer Brut zur Verfügung stehen.

Findlinge

Junge Eulen verlassen ihr Nest, wenn sie noch Teile des Dunenkleides tragen und nicht voll flugfähig sind. Normalerweise sitzen sie dann auf den Ästen der Umgebung ihrer Bruthöhle (z. B. Waldkauz) oder des Nestes (z. B. Waldohreule) herum und kehren nach Bedarf wieder ins Nest zurück. Nicht selten kommt es dabei vor, daß die Eulen bei solchen kleinen Ausflügen auf den Boden geraten. Doch normalerweise bleiben sie da nicht lang, sondern versuchen flatternd und kletternd wieder auf einen Baum oder Busch hinaufzukommen. Selbst eine rissige Baumrinde kann ihnen so viel Halt bieten, daß sie das Höherklettern gut schaffen.

Solche scheinbar hilflosen Jungeulen sind keineswegs verlassen, auch wenn sie mitunter schon weiter vom Nest entfernt aufgefunden werden. Immer wieder kommt es vor, daß Spaziergänger eine vom Boden aufgenommene Jungeule mit nach Hause nehmen. Das sollte man natürlich unterlassen. Ist es aber geschehen, dann solltet ihr zunächst einmal versuchen, die Eule wieder an ihren Platz zurückzubringen, wenn der Ort genau bekannt ist. Das kann man selbst nach einigen Tagen noch tun. Die junge Eule lockt durch ihre Bettelrufe die Altvögel herbei. Auch wenn die junge Eule noch so putzig und liebenswert ist: *Als erstes solltet ihr unbedingt versuchen, sie wieder in die Umgebung ihres Neststandortes zu bringen!*

Nur wenn das nicht mehr möglich ist, könnt ihr versuchen, sie aufzuziehen. Doch damit übernehmt ihr eine Aufgabe, über die ihr euch vorher klarwerden müßt.

Da sind zunächst einmal gesetzliche Vorschriften. Ihr dürft junge Eulen und junge Greifvögel, zum Beispiel einen Turmfalken, nicht einfach behalten. Das Ziel muß sein, die Vögel wieder der Natur zurückzugeben. Abgesehen davon empfiehlt es sich auf alle Fälle, den zuständigen Jagdberechtigten zu benachrichtigen, auch möglichst Verbindung mit anderen Vogelschützern oder Vogelkundlern aufzunehmen, vielleicht mit einer Orts- oder Kreisgruppe der Vogelschutzvereine.

Bis die jungen Turmfalken, Waldohreulen oder Waldkäuze selbständig werden, können Wochen vergehen. Futterbeschaffung und eine entsprechende Vorratshaltung stellen also ein nicht zu überschätzendes Problem dar. Allerdings braucht man junge Eulen und Falken nicht wie Singvögel stündlich zu füttern; zwei bis drei Fütterungen am Tag genügen.

Natürliche Nahrung für junge Greifvögel und Eulen sind Mäuse und Vögel. Weiße Labormäuse bilden ein gutes Ersatzfutter. Als besonders günstig haben sich Eintagsküken erwiesen, die man zum Beispiel von Geflügelfarmen erhält. Solche Betriebe, die nur Legehennen züchten, sortieren die zukünftigen Hähnchen aus und töten sie. Man kann sie oft billig kaufen und für die Aufzucht unter Umständen einen kleinen Vorrat in der Tiefkühltruhe oder im Gefrierfach aufbewahren.

Als Ersatzfutter eignet sich auch Fleisch, das in kleine Stücke geschnitten wird. Reine Fleischstücke müssen allerdings mit Kalkzusatz (am besten gemahlene Hühnereierschalen) versehen werden. Für die wichtige Gewöllbildung empfiehlt es sich, einige Federn oder Tierhaare auf das Fleisch zu streuen, am besten wechselt ihr Fleischfutter mit Labormäusen ab. Damit junge Eulen und Greifvögel unsere Futterquelle kennenlernen, gebt ihr ihnen zunächst ein ziemlich großes Stück in den Schnabel. Normalerweise können sie später selbst Nahrung zu sich nehmen. Ein weiteres Problem ist die Umgewöhnung der Jungtiere an die freie Natur. Ihr dürft erst dann eine junge Eule entlassen, wenn ihr sicher seid, daß sie lebende Beute schlagen kann. Ihr müßt sie also vor dem Freilassen mit lebenden Mäusen füttern. Bei Waldkäuzen, die auch viele Vögel schlagen, macht die Umgewöhnung besondere Schwierigkeiten. Neben Mäusen sollten ein paar junge Sperlinge als Übungsfutter gegeben werden. Wenn ihr keine Gelegenheit habt, Greifvögel oder Eulen an das Schlagen lebender Beute zu gewöhnen, ist es am besten, wenn ihr in der ersten Phase der Umgewöhnung an einer dem Vogel bekannten Stelle etwas Futter auslegt. Noch einmal sei aber deutlich gesagt: *Aufzucht und Umgewöhnung von Eulen und jungen Greifvögeln sind außerordentlich schwierig!* In eine Stadtwohnung gehören keine Eulen und Greifvögel! Am besten tut ihr euch mit Fachleuten zusammen. In einigen Gebieten der Bundesrepublik gibt es auch private Aufzuchtstationen.

Bücher, die euch weiterhelfen

Bezzel, E.: **Mein Hobby: Vögel beobachten.** BLV, München. Kurze Einführung in Vogelbeobachtung, Vogelkunde und Vogelschutz mit vielen Bildern.

Bezzel, E.: **Vögel.** Band 2: Spechte, Eulen, Greifvögel, Tauben, Hühner u. a. BLV. Kleines Handbuch über Greifvögel, Eulen und andere Arten mit Steckbriefen und Berichten von ihrer Lebensweise mit vielen Farbbildern.

Brown, L.: **Die Greifvögel.** Parey, Hamburg. Umfassendes Handbuch.

Heinzel, H., R. Fitter, J. Parslow: **Pareys Vogelbuch.** Parey, Hamburg. Umfassendes Taschenbuch zur Bestimmung mit vielen farbigen Bildern.

Nicolai, J., D. Singer, K. Wothe: **Großer Naturführer Vögel.** Gräfe & Unzer, München. Bestimmungsbuch mit farbigen Vogelfotos.

Peterson, R., G. Mountfort, P. A. D. Hollom: **Die Vögel Europas.** Parey. Das bekannteste Bestimmungsbuch mit vielen farbigen Abbildungen.

Sauer, F.: **Landvögel.** Mosaik, München. Bestimmungsbuch für 226 Vogelarten Europas auf 447 Farbfotos, 197 Zeichnungen und 227 Verbreitungskarten in der Reihe »Steinbachs Naturführer«.

Steinbach, G.: **Vögel unserer Heimat.** Deutscher Bücherbund, Stuttgart. Über 200 europäische Vogelarten in Farbbildern mit Beschreibungstexten.

Steinbach, G.: **Die Welt der Eulen.** Hoffmann und Campe, Hamburg. Ausführlicher, großformatiger Bild- und Textband mit zahlreichen Fotos und Grafiken.

Stern, H. u. a.: **Rettet die Vögel – wir brauchen sie.** Herbig, München. Das grundlegende und erfolgreichste Buch des Vogelschutzes mit Bildern.

Trommer, G.: **Greifvögel.** Ulmer, Stuttgart. Vielseitiges Handbuch über Lebensweise und Schutz von Greifvögeln und Eulen, mit vielen Bildern.

Die ersten siebzehn Bände zur Aktion Ameise:

Michael Lohmann	**Wir tun was für mehr Natur im Garten**
Michael Lohmann	**Wir tun was für Hecken und Feldgehölze**
Richard Podloucky	**Wir tun was für Frösche und Kröten**
Esser/Neumeier	**Wir tun was für die Igel**
Einhard Bezzel	**Wir tun was für unsere Singvögel**
Einhard Bezzel	**Wir tun was für Greifvögel und Eulen**
Heinrich Wiedemann	**Wir tun was für den Wald**
Klaus Richarz	**Wir tun was für unsere Fledermäuse**
Klaus Richarz	**Wir tun was für mehr Natur in Dorf und Stadt**
Gunter Steinbach	**Wir tun was für eine umweltbewußte Lebensweise**
Josef Reichholf	**Wir tun was für die Schmetterlinge**
Josef Reichholf	**Wir tun was für Eidechsen und Schlangen**
Bruno P. Kremer	**Wir tun was für naturnahe Gewässer**
Barbara Veit	**Atomenergie?**
Einhard Bezzel	**Verfehlter Artenschutz**
Klaus Richarz	**Naturschutz verkehrt**
Pröller/Wendler	**Die Natur im Jahreslauf – Tips für draußen (Kalender)**

AKTION AMEISE

will allen jungen Menschen, die sich der Natur in Zuneigung verbunden fühlen, eine Gemeinsamkeit sein. Ihre Mitwirkenden wünschen sich eine friedvolle Zukunft in einer freien Gemeinschaft der Menschen mit allen Lebewesenarten einer freien Natur.

Eine noch schweigende Vielheit von Kindern, Jugendlichen und Erwachsenen trauert über den fortschreitenden Verlust an Natur und Lebensqualität für alle Geschöpfe der Erde. Sie versagt nicht nur der Minderheit kurzsichtiger Macher, sondern auch den gedankenlosen Mitmachern ihre Zustimmung zu noch mehr Naturzerstörung auf Kosten des grünen Mantels unserer Erde, ihres Wassers und ihrer Luft, die dem Menschen einst in Reinheit anvertraut wurden. Viele junge Menschen eifern der Habgier oder der Unbedachtheit eines großen Teiles der Erwachsenenwelt nicht nach. Der Gesinnung und dem Willen dieser Heranwachsenden will die Aktion Ameise Ausdruck geben. Sie bejaht die von Menschen mitgestaltete Natur in ihrer vom Schöpfer gewollten Vielfalt und Freiheit. Die Aktion Ameise ist überparteilich, sie wurde von keiner Institution gegründet, hängt von keiner ab, verfolgt keine gewinnwirtschaftlichen Ziele, vertritt keine Konfession, keine Ideologie und läßt sich von keiner Institution alleinvertreten.

Die Aktion Ameise setzt sich ihre ideellen Ziele selbst. Sie will mit allen Menschen, Gruppen und Institutionen zusammenwirken, welche ihre Ziele im ganzen oder in Teilen unterstützen. Ihr bedeuten alle ähnlich Gesinn-

ten willkommene Partner, Andersdenkende achtenswerte Mitmenschen. Jede Gewaltanwendung gegen Menschen, deren Einrichtungen und Sachen ist mit den Zielen der Aktion Ameise unvereinbar.
Die Aktion Ameise ist eine Gesinnungsgemeinschaft für die Belange der Natur, in der dem Menschen ein wesentlicher Platz eigen ist. Wer die im folgenden aufgeführten 10 Grundsätze für sich persönlich bejaht und für sie aus Einsicht und eigenem Antrieb tätig wird, kann sich als Mitwirkender der Aktion Ameise fühlen. Mitgliedschaften anderer Gruppierungen überschneiden sich nicht mit der Mitwirkschaft bei der Aktion Ameise. Die innerlich auf diese Weise bestimmte, äußerlich formlose Mitwirkschaft bei der Aktion Ameise darf nicht an Mitgliedsbeiträge gebunden werden. Für die Dauer der ausdrücklichen und unterschriftlichen Zustimmung zu den 10 Grundsätzen ist jeder Mitwirkende zum Tragen des Ameisen-Emblems berechtigt. Die Aktion Ameise sucht möglichst viele ehrenamtliche Mitwirkende auf allen Tätigkeitsebenen zu gewinnen, sie erstellt oder veranlaßt ein breitgefächertes Programm von Veröffentlichungen, die jedermann zugänglich und als Publikation der Aktion Ameise kenntlich sind.

Von Herzen eingeladen zum Mitwirken bei der Aktion Ameise sind alle Menschen ohne Ansehen ihres Alters und ihres Platzes in der Gesellschaft, die sich angesprochen fühlen. Ohne EUCH kann es keine Aktion Ameise geben! Gunter Steinbach

Die Grundsätze der AKTION AMEISE

1 Wir schützen Leben,
wo immer uns das möglich ist.

2 Wir sprechen allen Lebewesenarten das Recht auf Dasein und artgemäße Entfaltung zu.

3 Wir bemühen uns, Natur zu beobachten, ohne störend einzugreifen.

4 Wir helfen, Lebensräume naturnah zu bewahren, neue zu schaffen und zu gestalten.

5 Wir achten die Gesinnung, die Arbeit und den Besitz aller Mitmenschen.

6 Wir achten die Gesetze und verabscheuen jede Gewaltanwendung gegen Menschen, deren Einrichtungen und Sachen.

7 Wir lassen uns von Sachkundigen beraten.

8 Wir wollen niemandem unsere Meinung aufdrängen.

9 Wir helfen uns gegenseitig.

10 Wir wollen durch Toleranz, Geduld, Kenntnis und gute Beispiele wirken.

Adressen

BUND-Jugend Jugendorganisation im Bund für Umwelt
und Naturschutz Deutschland e. V.
In der Raste 2
5300 Bonn 1

DBV-Jugend
Deutscher Bund für Vogelschutz/Deutscher Naturschutzverband
Gut Sunder
3108 Meißendorf

LBV-Jugend
Jugend im Landesbund für Vogelschutz in Bayern e. V.
Verband für Arten- und Biotopschutz
8543 Hilpoltstein

Bund der Pfadfinderinnen und Pfadfinder e. V. (BdP)
Marburger Str. 85a
6300 Gießen

Die genannten Organisationen gehören dem Beirat der Aktion Ameise an. Sie bieten Mitgliedschaft und Mitarbeit in Jugendgruppen, die Teilnahme an Seminaren, Freizeit- und Ferienprogrammen, Informationsschriften. Erfragt dort die euch nächstgelegenen Anschriften.

Lieber Leser, lieber Freund!

Wir laden dich ein, bei der Aktion Ameise mitzuwirken. Du gehörst unserer Gemeinschaft an, wenn du unseren 10 Grundsätzen auf Seite 58 ausdrücklich zustimmst und bereit bist, dich tätig für sie einzusetzen. Nicht einmal, sondern bei vielen Gelegenheiten. Wir stehen an einem Anfang. Wieviel Gemeinsamkeit und Zusammenhalt wir unter dem zu bauenden Dach der Aktion Ameise entwickeln, hängt auch von dir ab. Uns verbindet der Wille, Leben zu schützen. Anregungen zu sinnvollem und nachhaltigem Handeln geben die Bücher der Aktion Ameise. Weitere Bände werden folgen. Es kommt darauf an, daß die Mitwirkenden – allein, in örtlichen Arbeitsgruppen oder als Mitglieder bestehender Umweltorganisationen – ein gemeinsames Bewußtsein entwickeln:

Wir können etwas zum Guten bewegen. Wir bestärken und helfen uns gegenseitig. Wir setzen uns Ziele. Wir sind nicht allein. Wir wollen verhindern, daß Natur zerstört wird, wo es vermeidbar wäre.

Schicke uns nebenstehendes Blatt, wenn du dabeisein willst. Wir erheben keine Beiträge. Aber wir bleiben mit dir in Verbindung, wenn du mit Gleichgesinnten eine Arbeitsgruppe der Aktion Ameise gründen willst.

Dieses Blatt ist für Leser gedacht, die noch nicht Mitwirkende der Aktion Ameise sind. Kreuze an, was du von uns willst.

- ☐ Die Informationsfaltblätter für Mitwirkende (Rückporto DM –,80)
- ☐ Anregungen, wie du eine örtliche Arbeitsgruppe der Aktion Ameise gründen kannst (Rückporto DM –,80)

Damit wir uns gegenseitig als Mitwirkende erkennen, verschicken wir eine Anstecknadel der Aktion Ameise zum Selbstkostenpreis und Porto an alle Mitwirkenden, die das wünschen (DM 2,– in Briefmarken).

- ☐ Ich bestelle diesen Sticker.

Wünsche und Anregungen:

____

____

____

____

Wir sind auf eure Mithilfe angewiesen.

- ☐ Ich wäre unter Umständen bereit, ehrenamtliche Aufgaben für die Aktion Ameise zu übernehmen.

Wir lesen und berücksichtigen jede Zuschrift. Dagegen wird es in der Regel nicht möglich sein, Briefe einzeln zu beantworten. Wer trotzdem Antwort will, legt bitte Rückporto bei.

Mein Name: ________________________________

Meine Adresse: ______________________________

____

Ich erkläre mich mit den zehn Grundsätzen der Aktion Ameise, wie sie auf Seite 58 dieses Buches stehen, einverstanden.

Mein Alter: ______ Datum: __________ Meine Unterschrift: __________

Trenne diese Seite heraus
und schicke sie an die
AKTION AMEISE
c/o Gunter Steinbach, Irsengund, D-8999 Oberreute